[監修]木村俊一
Minervaファイナンス講座
2

証券投資理論

八木恭子/澤木勝茂 著

ミネルヴァ書房

Minervaファイナンス講座発刊にあたって

現代社会における情報通信技術と金融技術の重要性は論を待たないであろう．しかし，情報通信技術に関する我が国の研究・教育水準は世界的なレベルにあるものの，金融技術あるいはその学問的体系である金融工学への取組みは，欧米に比して10年の遅れがあると指摘されている．この大きな要因としては，金融工学に関する教育体制の不備と研究者の不足が挙げられる．近年，社会人を主たる対象とした専門職大学院において金融工学に関する教育が一部行われているが，学部レベルの体系的教育は未だ不十分である．社会科学を基盤とした組織を核として行われている点が我が国の教育体制の特徴であり，同時に金融工学の一層の進展を妨げている原因でもある．金融工学のもつ文理融合的特性を踏まえると，文理の違いに囚われることなく，鋭い金融センスと優れた数理的分析能力をもつ実務家と研究者を数多く育てることが，我が国の金融工学を国際的水準にまで高めるための喫緊の課題であると考えられる．本講座の目的は，こうした時代的要請に鑑み，金融工学を学ぶ学部学生，大学院生，実務家のための標準的なテキストを提供することにある．講座は全5巻から成り，第1巻は金融工学を学ぶ上で必須の数理的素養である確率過程・確率解析を，第2巻と第3巻は学部3年生向けの標準的教育内容である証券投資と企業財務をそれぞれ扱っている．また，第4巻と第5巻では，これらの基礎に立って，学部4年生もしくはビジネススクールなどの大学院修士レベルでの入門的テキストとして，実務上も重要な派生資産の価格付け理論とリスクマネジメントを扱っている．これらの主題は金融工学の中核を成すだけでなく，その理論は企業の投資戦略や排出量取引などの環境政策を論ずるリアルオプション理論にも応用されている．本講座が，我が国の金融工学とその関連分野発展の一助になれば幸いである．

2010年11月

監修者　木村俊一

まえがき

　証券投資論の研究は，ファイナンスの分野の中でも最も発展のスピードが速い分野であろう．今日の証券投資は，従来の伝統的な有価証券への投資理論に加えてデリバティブやオプションおよび仕組商品等の新しい金融商品が急速に多様に開発されたことを受けて，多様な資産運用ばかりでなく企業の資金調達の様々なニーズにも活用されている．さらに，リスクとリターンによって特徴づけられるこれらの金融商品の開発は，難解な数学手法に裏打ちされ，膨大なデータ処理の伴う統計手法および情報技術と結合している．このように複雑な新しい金融商品からなる今日の資本市場の下でリスク世界のプレーヤーである投資家と発行人および仲介人（証券会社や投資銀行）の三者のコミュニケーションが従来よりもスムーズに行われなくなっている．三者の間で情報の格差から生じる情報の非対称性が発生している．金融商品のリスクとリターンについての正確な共通の認識を欠くならば，モラル・ハザードの問題が発生し，市場の健全な発展を阻害する．2008 年の金融危機の発生原因については様々な分析が理論家・実務家の双方から行われたが，その原因の一つとして新しい金融商品（CDS や住宅抵当証券など）への認識不足や潜在化したリスク特性の不透明性を挙げることができる．本書は，証券投資のエッセンスであるリスクとリターンの観点から新しい金融商品も含めて証券投資の理論を平易に解説している．したがって，本書は学部および大学院の学生ばかりでなく，企業において資金を運用し調達する実務に携わる実務家ならびに証券業・金融業の仲介者を読者として想定して記述した．数学や統計学の事前の知識は有益ではあるが不可欠ではないようにその内

容は自己充足的となるように配慮した.

網羅した内容は,資本市場の基礎,リスクとリターンの概念,投資理論の主要なテーマから最近の新しい金融商品の評価理論とそれを理解するための数学的知識まで包括的な内容となっている.本書は,経済学部・経営学部の学生を主として対象としているが,理工系学部の学生で将来金融機関への就職を考えて数理ファイナンスおよび金融工学を専攻したいと考えている学生にとっても便利なテキストとなるよう意図して書かれている.特に,最適化手法や不確実性の下での意思決定論に関心のある理工系学部の学生にとって投資およびファイナンスに関する意思決定論は計量的手法と密接に関連していることを伝えたい.本書は,投資理論についての様々な理論と著者の研究成果との合成品である.テーマの選択や配分したページ数は著者の主観に基づいているが,伝統的なテーマから最近の研究成果や話題も網羅するように心掛けたが,カバーした内容は客観的であると願っている.このように教科書という本書の性格から,将来重要になるであろういくつかのテーマ,信用リスクのある投資評価や社会的責任投資などのテーマを取り挙げなかったこともお許し願いたい.

本書の執筆を終えるにあたり,ミネルヴァ書房の堀川健太郎氏に心から感謝申し上げたい.延び延びになった本書をようやく上梓することができたのは同氏の忍耐と寛容の賜である.本書の執筆に際し,南山大学澤木研究室大学院生であった鵜飼尚君にはデータ整理や数値計算のチェックや入力ですっかりお世話になった.記して感謝したい.最後に強く謝意を述べたい方は,本シリーズの監修者木村俊一関西大学教授である.同教授には本書の執筆にあたり数多くのコメントと助言を頂戴し,同教授の激励がなければ本書は日の目を見ることはできなかったであろう.さらに,日頃の同教授との会話が大変有益であったことにも深謝したい.

2018 年 3 月

八 木 恭 子

澤 木 勝 茂

証券投資理論
目　次

まえがき

第1章　資本市場と有価証券 ……………………………………………1

1.1　資本市場と金融商品……1

1.2　資本市場の種類とその機能……4

1.3　完全な効率的市場と完備市場……6

1.4　新しい金融商品と金融技術……10

第2章　リスクと確率の基礎 …………………………………………17

2.1　リスクとは何か……17

2.2　リスクとリターン……19

2.3　現在価値と裁定……21

2.4　投資データと統計量……24

2.4.1　算術平均……25
2.4.2　中央値……26
2.4.3　最頻値……26
2.4.4　平均絶対偏差と不偏標本分散……27
2.4.5　移動平均法……28
2.4.6　加重移動平均法……29
2.4.7　指数平滑法……29
2.4.8　予測の精度……30
2.4.9　回帰分析……31

2.5　確率と確率過程……33

第3章　ポートフォリオ理論………………………………………………41

3.1　ポートフォリオの基本概念……41

3.2　ポートフォリオのリターンとリスク……43

3.3　平均＝分散モデル……49

3.3.1　無リスク証券がない場合……50

iv

目　　次

　　3.3.2　効率的フロンティアのいくつかの性質……58
　　3.3.3　無リスク証券を含むポートフォリオ……67
　3.4　その他のリスク尺度……74
　　3.4.1　平均＝分散モデルの問題点……75
　　3.4.2　下方リスクモデル……76
　　3.4.3　バリューアットリスク……76
　3.5　ポートフォリオの運用評価……78
　　3.5.1　加重平均内部収益率……79
　　3.5.2　時間平均収益率……79

第4章　資本資産評価モデル（CAPM）……83
　4.1　CAPM の導出……84
　4.2　CAPM の解析的導出……89
　4.3　CAPM の拡張……92
　4.4　国際 CAPM……95
　4.5　CAPM の問題点……98

第5章　裁定評価理論（APT）……101
　5.1　線形因子モデル……101
　5.2　APT……105
　5.3　APT と CAPM との関係……112

第6章　債券ポートフォリオ……117
　6.1　債券投資……117
　6.2　デュレーションとボラティリティ……119
　6.3　イミュナイゼーション……122
　6.4　イミュナイズド債券ポートフォリオ……126

第7章 確率解析の基礎……………………………………………131

7.1 線形確率微分方程式……131

7.2 連続時間の下での動的計画法……134

7.3 伊藤の微分則……136

7.4 指数ブラウン運動とマルチンゲール……138

第8章 オプション評価理論……………………………………147

8.1 オプションとリスクヘッジ……147
8.1.1 オプション……147
8.1.2 リスクヘッジ……149
8.1.3 プット・コール・パリティ……149

8.2 ヨーロピアンオプション……150

8.3 アメリカンオプション……151
8.3.1 価格の分解……152
8.3.2 離散時間モデル……153

8.4 ゲームオプション……155
8.4.1 価格の分解……156
8.4.2 離散時間モデル……157

8.5 転換社債……160
8.5.1 価格の分解……161
8.5.2 離散時間モデル……162

第9章 リアルオプションとその応用…………………………165

9.1 リアルオプションとは何か……165

9.2 参入モデルと退出モデル……167
9.2.1 参入モデル……167
9.2.2 退出モデル……168

9.3 リアルオプションと資金調達……169

9.3.1 普通社債の発行……170

9.3.2 転換社債の発行……173

9.3.3 投資プロジェクトの価値と最適資本構成……176

9.3.4 転換社債での資金調達……178

参考文献……181

演習問題解答……185

索　　引……199

第1章

資本市場と有価証券

1.1　資本市場と金融商品

　投資 (investment) には実物投資と金融投資の 2 種類がある．土地・建物，機械設備や研究開発などの投資プロジェクトである**実物資産** (real assets) への投資を実物投資と呼び，有価証券などの**金融資産** (financial asset) への投資を金融投資と呼ぶ．経済学では，将来の生産活動のためになされる投資の蓄積額を資本と呼ぶ．したがって，経済学では生産活動のために蓄積された資本の増加額が投資であって，毎期の国民所得は消費と投資から成り，貯蓄と投資は恒等的に等しいと教えている．しかし，経営学では企業が行う実物資産および金融資産への"支出"を投資と呼ぶ．その投資支出の費用・便益は短期的よりもむしろ長期的に企業に収益をもたらすものである．

　本書では，投資プロジェクトへの実物投資と有価証券などへの金融投資を分けて議論する．前者の実物投資は第 2 章の現在価値において取り挙げ，それ以降の章では第 9 章のリアルオプションを除いて，金融投資を中心に述べる．商品・サービスなどの財を市場に供給する企業は，それらの財を生産するために資金を必要とする．商品などの有形資産を売買する市場を**商品市場** (commodity market) と呼ぶのに対して，株式・債券などの無形資産である金融商品 (financial commodities) を取引する市場を**資本市場** (capital market) と呼ぶ．生産活動に必要な土地・労働・資本の 3 要素を調達する要素市場の 1 つが資本市場である．ここでいう金融商品は，伝統的な株式や債券などの有価証券ばかりでなく，今

日急速に取引が拡大しているオプションやデリバティブに至るまで様々な金融商品を含む．銀行などの金融機関から資金を調達することを**間接金融** (indirect financing) と呼び，株式や債券などの金融商品を発行して資金を調達することを**直接金融** (direct financing) と呼ぶ．企業の株式や社債を発行する資本市場を**発行市場** (primary market) と呼び，有価証券を売買する資本市場を**流通市場** (secondary market) と呼ぶ．発行市場では株式や社債の発行によって企業の資金増をもたらすが，流通市場での有価証券の売買は企業の資金調達や企業活動に直接の影響を及ぼさない．市場を通さずに当事者間で相対取引することを**店頭取引** (over-the-counter) と呼ぶ．近年成長が著しい投資銀行 (investment banks) は，投資家から資金調達して証券を発行する企業に資金を供給する仲介業である．これら仲介業者は，企業の多様な資金調達ニーズと投資家の多様な資金運用ニーズを結び付けることをビジネスとしている．経済活動の主要なプレーヤーが家計，企業および国・公共団体であるのに対して，資本（金融）市場の主要なプレーヤーは，資金の供給者としての**投資家**，資金の需要者としての**発行人**（企業）および間接・直接金融の**仲介者**である．その役割を図示したものが図 1.1 である．

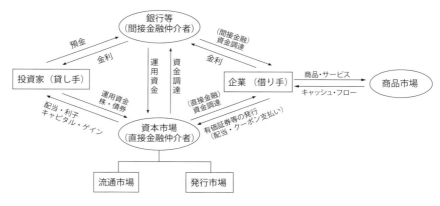

図 1.1 資本市場と主なプレーヤー

企業が個々の投資家に資本市場を通じて有価証券等を売却して直接的に資金を調達する場合と銀行，年金基金，保険会社，ローン会社などの金融機関から間接的に資金調達する場合がある．これらの金融機関を**機関投資家**と呼ぶ．個人

第1章　資本市場と有価証券

投資家と機関投資家とでは，リスクとリターンに対する選好が同じではないので，投資決定の基準も必ずしも同一ではない．なぜなら，機関投資家にとっての資本利得や資本損失に対する認識および取引動機が個人投資家のそれと異なるのが普通であるからである．機関投資家は数多くの個人投資家から資金を集め，その資金を資本市場で再投資する．メーカーなどの企業は実物資産に投資するための資金を投資家や金融機関などからの投資によって資本市場で調達する．このとき企業は株式や社債を発行するが，資本市場で売買される株式や社債などの有価証券の価格はどのようにして決まるのであろうか．

　資本市場で取引される有価証券 (株式や社債) の価格は商品市場で取引される実物資産の価格のように需要と供給の関係で決まるわけではない．有価証券の供給量は単なる発行株数や社債の枚数でなく，その需要量は実物資産のような物理的量ではない．企業が資本市場で株式を販売して得た資金は企業の投資プロジェクトに投資され，その投資プロジェクトが企業に将来収益 (キャッシュ・フロー) をもたらし，企業価値を高めるか否かによって投資した株式の価格と配当が決まるからである．もし，企業の将来価値が高まり，株価が上昇すると考える投資家はこの企業の株式を喜んで購入 (需要) しようとするであろう．また破綻するリスクの高い企業の債券を購入しようとする投資家はより高いクーポン (金利) 支払いを求めるであろう．このように有価証券の価格は，提供した資金が企業において如何に有効に運用され将来のキャッシュ・フローを高めるかについての期待・予想に依存する．企業は自らの経営力・企業努力や技術力を効率的に発揮し，より大きな将来収益をもたらす投資プロジェクトを最適に採択する．資本市場のプレーヤーである投資家が企業の経営活動を高く評価するならば，自らの発行する株式の価値を高めることによって企業はより小さい資本コストでもって資金を調達することができる．社債についても破綻リスクの小さい企業はより低いクーポン支払いによって社債による資金調達が可能になる．企業が自らの本業においてより優れた商品・サービスを消費者に提供し続ければ，それらの商品・サービスはより大きなキャッシュ・フローを長期に亘ってもたらす．このことは企業価値を高め (株価を押し上げ)，より小さいクーポン支払いの社債発行を可能にする．このように企業が商品・サービスを販売することによって，商品市場を通して獲得するキャッシュ・フローと資本市場で調達する有価証券の価

格とは相互依存の関係にある.

1.2 資本市場の種類とその機能

資本市場の参加者として資金を調達するために有価証券を発行する売り手を**発行人** (issuer) と呼び,資金を提供して有価証券を購入する買い手を**投資家**と呼ぶ.買い手としての投資家には投資家の資金を別の投資家に移転する**仲介人** (intermediates) も存在する.証券会社や投資銀行は,有価証券の売買を仲介すると同時に自らも売買する.さらに買い手としての投資家は,金融商品がもつリスクを除去し,分散化することを目的とする**リスクヘッジャー** (risk hedgers) とリスクをリターンによって補填することを受け入れる**投機家** (speculators) に分類することができる.このような投機家はハイリスク・ハイリターンを指向する投資家でもある.このリスクヘッジャーと投機家は異なる取引動機をもつので異なる投資行動をとる.資本市場は,さらに有価証券と現金の交換が直ちに行われる**スポット市場** (現金市場) と,現金決済と商品の引渡しに時間的遅れのある**先物（または先渡）市場**に分類される.ある資産を決められた価格で売買する条件付請求権についての取引をオプション取引と呼び,この条件付請求権を取引する市場を**オプション市場**という.スポット市場と先物市場での取引が義務契約に基づくのに対して,オプション市場での取引は商品を売買の権利であって,義務ではないのでその取引を放棄することによってその取引を終了できる.

数多くの金融商品と様々なリスク選好をもつ投資家が存在して,市場で取引する.資本市場は市場を通して投資家間でリスクを移転する**リスク分担** (risk sharing) を可能にする制度的機能を提供している.今日のグローバル化した資本市場の下では,国が違っても為替市場を通してあらゆる金融商品が相互に影響し合い,投資家がより高いリターンを求めることはより大きなリスクを引き受けることである.このような市場の参加者は,リスクを軽減し,除去して裁定機会を探求し合うリスク世界のプレーヤーである.今日の金融市場では複数の商品を組合わせてパッケージとして組成したり,単一の商品を複数の商品に分割して販売されている.古くは新株引受権が分離できる転換社債や今日の仕組債の多くがそのような例である.

2つの異なる投資機会に対してそれぞれの投資コスト（価格）が異なるなら

ば，低い価格で購入し高い価格で売却すれば，無リスクな利益を得ることが可能
となる．このような取引を**裁定** (arbitrage) と呼ぶ．無リスクな利益をもたらす
投資機会を**裁定機会**と呼び，現代のファイナンス理論では，そのような裁定機会
が存在しない形で金融商品の価格が決まると主張している．すなわち，そのよう
な裁定利益は，同一の商品が同時期に同一の市場で2つ以上の価格で取引された
ときに発生する．換言すれば，一物一価の法則が成立しないとき裁定機会が存在
する．税金や取引費用がない完全な市場の下では同一の株式が異なる価格で同
時に取引されることはない．もしそのような裁定機会があるならば，低い価格で
買った同一の株式をより高い価格で売却して裁定利益を得ることが可能になり，
このような取引を繰返すことで投資家は無リスクで富を増大できることになる．
ファイナンスにおける価格理論は，あらゆる金融商品の価格はこのような裁定機
会の存在を許さない形で決定されるという理論に依拠している．

　金融機関は，商業銀行，保険会社や投資信託会社のような資産移転者 (asset
transformers) と有価証券の売買を仲立する仲介業者 (broker または dealers) に
分類される．資産移転者は資産に投資するが，投資家の要望に応えるために債権
を発行する．例えば，銀行は消費者に住宅・土地などのローンを発行したり，社
債や株式に投資したりすれば，これらの金額は貸借対照表の資産の部に計上され
る．一方，銀行は普通預金，定期預金や当座預金を発行すれば，これらは負債の
部に記載される．現金という資金を預金として受け入れ，これをローンや他の有
価証券という別の資産に投資し，預金者に予め定められた金利を支払う．個人や
企業は現金を預金として銀行に預けることで日々の消費や取引をスムーズに実
行できる．保険会社は，生命保険や損害保険を発行すれば負債として貸借対照表
に記載され，資産の部には保険料として得た資金を不動産や社債に投資した金額
を計上する．投資信託会社は数多くの小口投資家から資金を集め，投資信託とも
呼ばれ，株式や社債や実物資産からなる分散化したポートフォリオに投資する．
資金を提供した投資家にファンドの現状や評価に関する情報を逐次に知らせ，新
しい金融商品のサービスの提案を通して資金の資産配分機能を担っている．銀
行などの資産移転者は，法律による規制と政府の監督の下にある．銀行などは負
債やローンの総額をある一定の水準以下に保つよう規制されている．金融危機
のときのサブプライムローンは，住宅ローンを証券化することによって，貸借対

照表から削除されたことが大きな混乱を引き起こした誘因と指摘された．投資信託会社や保険会社には厳守しなければならない資産運用方針があり，資産と負債の移転に関して具体的ガイドラインが定められている．

　仲介業は株式，社債，抵当証券やリースを自らも買うが，有価証券を投資家に売買することを仲介する．証券会社のような取引業（ディーラー）は顧客に売る前に短期的に有価証券を保有することもあるので，この場合には一時的な市場リスクを引き受ける．仲介人としては単に売り手と買い手の取引を仲介するにすぎない．しかし，投資銀行や証券会社のような仲介業は，発行市場と取引市場の2つの資本市場の代理人である．発行市場において有価証券を発行企業から投資家へと資産移動する役割を投資銀行業務と呼び，取引市場では有価証券を投資家から別の投資家へと移動させる流通業務が行われる．ブローカーおよびトレーダーの役割を共に証券会社は果たしている．仲介業は資産移転者と比べてその規制は弱いが，今日では投資家保護の観点から，取扱う金融商品の情報開示と説明責任が求められている．資産移転業と仲介業との垣根が規制緩和を受けて低くなってきたので，両者は互いに競争相手となっている．証券業は資産や負債の証券化による商品開発に熱心であり，銀行はクレジット・カードや抵当ローンを証券化し，それを売却することによって貸借対照表への計上を不要とすることができる．このような一連の動きは資産の証券化と呼ばれるもので，伝統的な有価証券を中心とした金融機関の規制に抜け道を開いたとして批判されている．

1.3　完全な効率的市場と完備市場

　資本市場の参加者（プレーヤー）は，有価証券をはじめとする金融資産の買い手としての投資家と，それらを発行する売り手（企業や国・地方公共団体など）としての発行人からなる．この両者の間に資産移転業（銀行など）と仲介業（証券会社，投資銀行など）が存在して，資本市場が金融制度として機能している（図1.1参照）．売り手と買い手が資本市場で有価証券などの金融商品を取引するとき，この金融商品の価格は市場でどのように評価されて決まるのであろうか．株式や債券をはじめとする金融商品の価格の理論的導出には，ある程度の理想的な市場を想定し，いくつかの仮定を設ける．まず完全で効率的な市場について説明しよう．

完全な市場 (perfect market) とは次の条件を満たす市場である.

(1) 市場の参加者である金融商品の売り手と買い手との数は十分に多く，価格は両者にとって所与である．すなわち，市場の参加者はプライステイカー (price taker) であって，金融商品の価格形成に何ら影響力をもたない.

(2) 金融商品に影響を与える情報はすべて市場の参加者に一様に瞬時に行き渡っている．すなわち，情報の非対称性などの情報ギャップは存在しない.

(3) 税金・手数料など取引に係る費用および取引上の制度的予算的制約はない．さらに，商品はいくらでも分割して売買することは可能で，かつ一定の利子率で資金を借りたり貸したりすることが可能である．このような市場を**摩擦のない市場**と呼ぶ.

このような完全な市場の下で，市場の参加者はその時々刻々の市場で値洗いされる価格でその金融商品を売ったり買ったりすることが可能である．したがって，投資家は自己の資産構成（ポートフォリオ）を連続的にかつ瞬時に修正（リバランス）することが可能である．完全な市場の仮定 (3) の「何人も一定の利子率で資金を売買できる」という仮定は現実的でないという非難は避けられないが，金融商品の理論的価格を導出する過程で，無リスクな裁定ポートフォリオを実現するために用いられる必要な仮定である．そこでは，ランダムに変動する価格のダイナミックスに対して無リスクなポートフォリオの達成はポートフォリオの修正に資金制約の無存在が必要となるからである.

効率的な市場 (efficient market) とは，市場で取引されるすべての金融商品の価格に影響を与える情報はすべて価格に反映されている市場をいう．完全な市場の仮定 (2) は価格に影響を与える情報がすべての投資家に等しく浸透しているという取引に関する制度上の仮定である．これに対して効率的市場の仮定は，資本市場の価格形成に関する情報上の仮定である．すなわち，市場の参加者は，金融商品の価格に影響を与える情報はすべて価格に反映されているので，その価格のみを観察して資産運用に関する意思決定をしてよいことになる．この意味で価格は，その資産の価格情報に関する十分統計量である．したがって，市場が効

率的ならばその市場の参加者はリスクと取引費用を差引いた以上の超過収益を一貫して獲得することはできないことになる．すなわち，市場全体のパフォーマンス以上に長期に亘って絶えず打勝つことは不可能となる．Fama (1970) は資本市場における情報拡張の露出の過程を情報構造とみなしてより詳しく分析し，効率的市場を強効率的，弱効率的および半効率的に分類して論じている．実物投資において採用される投資プロジェクトの正味現在価値は常に正である．これに対して，金融投資においては，完全で効率的な市場の下で金融商品の正味現在価値は常に 0 である．すなわち，金融商品が将来に亘って生成するキャッシュ・フローの正味現在価値は，裁定機会の無存在という条件の下で金融商品の価格に等しい．この正味現在価値を金融資産の**ファンダメンタルズ** (fundamentals) と呼ぶ．完全で効率的な市場においては裁定機会が存在しない形で金融商品の価格が決定されるという理論が現代ファイナンス理論での主流であることを先に述べた．現実の資本市場は不完全であり非効率的であるので，裁定機会の存在を完全に否定することは困難である．しかし，このことは完全で効率的な市場の下で導出された資産価格理論の有用性を否定するものでは決してない．想定した理想の資本市場の下での価格がどのような前提や仮定の下で導出されたかを理解し，モデルの枠組みや境界を明らかにすることは学問的に重要な作業であるばかりでなく，理論的な理解なくして現実の市場への洞察や政策的提言も不可能であるからである．

　完備市場 (complete market) とは，資本市場でのすべての状態（偶発的事象）に対応するに十分な条件付請求権（有価証券）の数が存在する市場のことである．換言すれば，ある状態が実現したとき 1 単位の金額を支払い，それ以外の状態については支払額 0 を約束した状態依存型証券が存在するならば，その市場は完備であるという．このような条件付請求権（証券）を**アロー・デブリュー証券** (Arrow-Debreu security) と呼ぶ．このような証券が存在する完備市場は，市場参加者が希少資源を分配し，資本に投資し，リスク分担をパレート最適の意味で可能にするために望ましい．例えば，オプションやデリバティブは市場の完備性を可能にするために社会的な厚生を増進させる．また完備市場は，資本市場や資本構成を分析する上で有力な道具を用意する．これらの市場に関する仮定は，本書で論じる新しい金融商品の

評価や投資戦略（特に，ヘッジ戦略），資本資産評価モデル (CAPM) および裁定評価理論 (APT) を理解する上で便利な資本市場に関する仮定である．

例えば，社債と株式からなる利得が3つの状態について図1.2のように与えられたとしよう．社債の利得は状態に依存することなく1単位であり，株式の利得は，状態1では配当が0であり，状態2, 3に応じてそれぞれ1, 2である．株式Sに対するコールオプションを導入し，その権利行使価格Kを$K = 1$とする（詳しくは，第8章を参照）．第3の証券としてコールオプションの利得は$\max(S - K, 0)$であるから，図1.3の状態依存の利得行列を得る．図1.2の利得行列がつくる資本市場は証券の数が状態の数より少ないので非完備である．しかし，図1.3

図1.2 社債と株式の状態依存の利得行列

図1.3 コールが追加された利得行列

では，状態の数と証券の数が一致しているので完備市場である．図1.3の行列をAとすれば，行列Aの3つの行は線形独立であるから，そのランクは3である．すなわち，条件付請求権$X = (x_1, x_2, x_3)$と状態依存の利得行列Aに対して

$$AH = X \tag{1.1}$$

は，解$H = A^{-1}X$をもつ．行列Aのランクは3であるので逆行列が存在する．逆行列A^{-1}はアロー・デブリュー証券を複製する社債，株式およびコールオプションからなるポートフォリオの構築を可能にしている．

証券投資論において平均＝分散モデルと完備市場モデルとが主要な2つの1期間モデルである．ここでの1期間モデルとは1期が期首と期末からなり，意思決定は期首での1回限りのモデルを指す．平均＝分散モデルでは証券価格をその平均，分散と相関係数によって表現する．収益率の標準偏差をリスクの尺度とし，価格の平均収益率をリターンとみなして，リスク＝リターンの平面上にポートフォリオを描く．これに対して完備市場モデルは状態の数に等しい次元をもつベクトル空間となる．平均＝分散モデルは不確実性を2次元に退化して

記述するのに対し，完備市場モデルではリスクとリターンがアロー・デブリュー証券の状態空間に埋没している．平均＝分散モデルでは原資産としての有価証券の平均と分散に依存しているので，オプションやデリバティブなどの評価理論には不適切である．平均＝分散モデルに依拠する裁定評価理論 (APT) は，完備市場モデルの評価理論とは整合性をもたない．本書では，オプションやデリバティブの評価理論においては完備市場の存在を仮定する．

1.4　新しい金融商品と金融技術

　個人投資家と機関投資家はそれぞれ異なる投資目的をもつ．個人投資家は，住宅などの実物資産を購入するためや老後のために十分な資金を貯えたり，子供の教育費を稼ぐことであったりする．機関投資家は，預かっている資金を組織（機関）が必要とする支払いニーズに応えるために必要な収益を稼ぐことが第一義的な目的である．投資目的が異なれば投資戦略も異なるが，しかし投資に伴うリスクを可能な限り小さくし，リターンはできるだけ大きくしたいという，リスクとリターンに対する選好には共通のものがある．自己資金ではなく顧客の負託を受けて資産を運用する機関投資家は，リスクに対する態度，資本利得や資本損失に対する認識，運用上の制約条件が個人投資家と異なるのが普通である．資金の流入と流出の時間的不一致，低金利政策の下での運用成果，新しい金融商品のリスク分析と評価，グローバル化した資本市場の下での如何にしてリスクを分散したりヘッジするかなど投資環境は大きく変化してきた．

　ここでは主として法人投資家または機関投資家を前提とした投資戦略と今日急速に発達し，深化した投資技術と新しい金融商品について紹介する．有価証券に関する技術進歩は，リスクヘッジとなる商品をどのようにして生成するかであるばかりでなく，投資家の多様なニーズに応えるために既存の金融商品を再編したり新たに組成することで進歩してきた．この進歩の要因として金利と為替の変動，税制や規制の緩和，資本市場のグローバル化や投資銀行業務の規制緩和と競争の激化などが考えられる．既存の金融商品よりも発行人と投資家にとってリスクとリターンの観点からより望ましいと考えられる金融商品を開発したりそのリスクを数量的に分析し，金融の問題を解決するのに数学・統計学や IT 技術などの工学技術を適用する分野を**金融工学** (financial engineerings) と呼ぶ．

第1章　資本市場と有価証券

このようにして開発された新しい金融商品は，資本市場をより効率的な市場とし，その完備性を高めることを意図している．より少ない発行費用と資金でより大きな取引を可能にする反面，数理的に複雑化した金融商品であるため，そこに内在するリスクが潜在化したため 2008 年 11 月の金融危機では CDSs (Credit Default Swaps) や，住宅抵当証券のように社会的非難の対象になった商品もある．新しい金融商品が投資家と発行人の投資目的に照らして真に革新的であるか，市場をより効率的かつ完備的にするか，あるいは単に投資銀行などの仲介手数料収入を増すものだけであるか否かを判断するには新しい金融商品について正しい深い理解が必要である．金融先物は日本においても大阪堂島の米相場において長い取引実績があり，ゼロクーポン債や永久債はその社会的役割があって歴史的変遷を経てきた．規制緩和が新しい商品を生み出し，新たな社会的問題を引き起こしてきたので，新しい金融商品は税制と規制と密接な関係をもって出現と衰退を繰返してきた．金融商品の技術革新は次のような方法で付加価値を高める．

1) リスクの再配分：発行人または投資家のリスクをリスク選好の異なる市場参加者に再配分する．
2) 取引費用の減少：発行人や投資家の税金や手数料および発行費用などの取引費用を減少させる．
3) 流動性の強化：少ない資金でより多額の取引を可能にし，それ故に流動性を高める．
4) 株主や債権者間の利益相反から生じる費用（エージェンシーコスト）を減少させる．
5) 投資家や発行人の法令規制や他の制約条件を回避する．

　負債に伴う支払いリスクの再配分を意図した金融商品として，商品価格の変動に応じて支払金利も変動する**指数連動債券**がある．この債券は固定金利債券よりも金利支払い後の企業収益を安定させ，信用リスクを減少させる．この債券は，発行企業から商品価格の変動によるより高いリターンを求める投資家に価格変動のリスクを移転させる．住宅ローンや車のローンのような**モーゲージ担保債券**は，ローン契約者の支払金利のリスクと信用リスクを発行人から投資家に移

転することを可能にした．銀行はこの担保債券を投資家に売却することにより，ローン契約を貸借対照表から削除することができ，このことによって銀行などの金融機関がローン契約者の金利支払能力についての関心を低めるという問題がサブプライムローンで指摘された．モーゲージ担保債務証書 (Collateralized Mortgage Obligations, CMO) は担保からの支払額を債券の弁済額能力に応じて再編成したものである．このことによって CMO は担保債務による弁済リスクを弁済能力の低いクラスに移転させ，弁済能力の高いクラスから分離することを可能にした．**資産担保証券** (asset-backed securities) は，資産の分散化によって倒産リスクを軽減しようとする商品である．債券や銀行ローンのリスク証券からなるポートフォリオ収益に対して請求権に優先順位を設けることによって倒産リスクを再配分する．資産やローンをこのように証券化すれば市場を通して幅広く販売することができる．その結果，発行企業の流動性が高まり，その企業が要求される収益率を低くすることができる．住宅担保証券やカードローン債券担保証券は，対象とする元の資産よりも低い利回り（したがって，小さい金利支払額）をもつ証券として販売されている．

　企業が負債によって企業買収をする場合，株主にとっては望ましいが債権者のリスクを高めることがある．この場合，企業の信用リスクの増加による債権者のリスクを保護するために**変動利付債**や**金利更改手形**を発行する．このような金融商品を発行することは株主と債権者の利益相反によって生じるエージェンシーコストを削減する．買取権付社債や変動クーポン手形は，買い手である投資家に保有期間の選択権を付与するので，発行企業の取引費用を減じる効果をもつ．ゼロクーポン債やプレミア付債券のような債権は買い手である投資家に所得の税率よりも低い税率が適用されるので，節税効果が期待される商品である．

　金利スワップ，固定金利手形や変動利付手形は，将来の金利変動に対して有利に動くように組成することができる．このような商品を仕組商品と呼ぶ．市場の参加者は将来の金利変動について予測したり，その方向に対して何らかの期待値をもつ．**逆変動利付債**は金利変動のリスクをヘッジするために使用される．もし金利が下がるならば，利回りも下がるのでこれらの商品のクーポンは上昇する．もし金利が上がるならば，逆の動きをするので，投資ポジションも逆にすればよい．図 1.4 は変動利付債と逆変動利付債との関係を示し，金利の変

動リスクをヘッジするために逆変動利付債をどのように用いるかを示している．ただし，単位は億円とする．金利 (15%−LIBOR) を支払う逆変動利付債と金利（LIBOR+1%）の変動利付債を組合せることによって 8% 固定金利手形の組成商品を組成することができる．

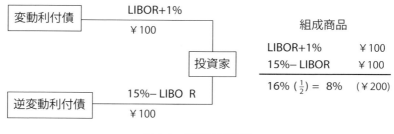

図 1.4　逆変動利付債

　複数の商品特性を組合せた金融商品として**ハイブリッド証券**がある．例えば，社債と株式の特性を合せもつ**転換社債**はそのような商品の 1 つである．ある一定期間または株価が低い状態では社債として固定金利を支払う債券として発行され，満期または株価がある水準に達すると株式に転換する権利が付与されている．投資家は初期の段階ではクーポンが約束され，株式に転換後は配当または売却によって資本利得を期待できる．このようなハイブリッド証券は満期前に償還されたり，強制的に転換されたりする条項が付いている．また，発行体の業績によって満期に額面で償還されたり，倒産リスクから免疫されない．負債を株式に代替させる権利が付与された商品であり，優先株と組合せた強制転換付優先株や買取権付転換社債も発行されている．買取権付転換社債は，企業の信用度が低下したとき発行企業に社債を買い取らせる権利を投資家に付与することで投資家保護と引き替えにエージェンシーコストを低下させることができる．研究開発プロジェクトや新事業の立ち上げ資金を社債として調達し，プロジェクト事業の成果が挙がった時期以降には株式に転換できる転換社債は日本において幅広く発行されてきた．

　リスク・リターンの組合せについて多様な選好をもつ投資家ニーズに金融工学は新しい金融商品を設計し，既存の有価証券に権利としてのオプションを付加することでリスクと取引コストを効率的に組合せることに成功してきた．金融技

術革新の重要な 1 つは，リスクとリターンの新しい選択肢を投資家と発行人に提供した資産の証券化である．この証券化された資産は新しい金融商品であるばかりでなく，抵当や債権の市場をあるクラスの投資家にとって魅力ある証券市場とした．元本先払いリスク，破綻リスク，流動性リスクおよび金利リスクの再配分は，証券化がもたらした利点の 1 つである．法的規制，税法や制度的障壁の緩和は資本市場がグローバル化するための条件であった．グローバル化した資本市場の下で資産の証券化は自然な展開であったといえよう．グローバル化によって資本市場は国境を越えた証券化を世界中に波及させ，それは通貨リスクと政治的リスクの再配分をもたらす．このように資本市場のグローバル化は，その恩恵とリスクを世界的規模で再配分することを意味する．絶えざる経済的環境の変化と規制条件の変更が金融サービス産業の絶えざる競争をもたらし，この金融競争が新しい金融商品の技術革新を引き起こす誘因となってきた．新しい金融技術に成功した企業は企業価値を高め，株主利益に増やすことができる．しかし，それにはリスクが伴う．金融技術で開発された金融商品が企業に資金をより安価に提供するが，そのようにして調達された資金が中長期的に企業の将来収益を生み出すように活用された場合にのみ正味の企業価値を高めるのである．金融技術で開発された新しい金融商品は売り手としての企業と買い手としての投資家の双方に利益をもたらすものでなければならないからだ．この場合は，もちろん社会的便益も増加する．

演習問題

問題 1.1 商品市場と資本市場の違いと関連性について述べよ．

問題 1.2 完全な資本市場は資産評価においてどんな役割を果たしているか述べよ．

問題 1.3 図 1.2 において状態の数が次のように 4 個になったならば，資本市場を完備市場とするためには図 1.3 はどのように修正すればよいか．

第 1 章　資本市場と有価証券

	社債	株式
状態 1	1	0
状態 2	1	1
状態 3	1	2
状態 4	1	3

問題 1.4 変動利付債と逆変動利付債の長所・短所について述べよ.

問題 1.5 直接金融と間接金融について説明せよ.

第2章

リスクと確率の基礎

2.1 リスクとは何か

投資にはそれが実物投資であるか金融投資であるかにかかわらずリスクが伴う．証券投資のような金融投資において，そのようなリスクは証券価格を変動させる要因である．なぜならば，リスクの高い証券投資には投資家はより高い投資収益率を要求するからである．保有する有価証券から期待される将来収益を要求収益率で割り引くことによって証券の価格が決まるならば，ファイナンスではこれをハイリスク・ハイリターンの原則と呼ぶ．リスクを制御できるか否か，できるとすればどのようにすれば可能かについて述べる前に，リスクとは何か，そのリスクは何によって発生するかについて述べよう．

資本市場はリスクの世界であり，投資家をはじめとする市場参加者はこのリスク世界のプレーヤーである．ファイナンスにおいてリスクは根源的概念である．資本市場でのあらゆる取引はリスクの売買と呼ぶことも可能である．

証券投資において投資家の利得がクーポンや配当の**所得利得** (income gain) であるか売買による**資本利得** (capital gain) であるかにかかわらず，投資家の最終的な目標は満足できる収益（率）を実現することである．ある株式を1株購入したとき，投資家が期待した収益以上の収益を実現できれば満足するし，期待した収益の水準以下ならば落胆する．このとき投資家にとってのリスクは目標とした期待収益が達成できるか否かである．投資家にとって収益のリスクは購入した株式の価格が将来変動することから発生している．本書では証券投資に

17

おいて，価格変動によって収益が変動することを**リスク**と呼ぶ．数学的には確率変数として表現される量をリスクとみなす．したがって，確率変数としてのリスクは確率分布の関数空間の概念である．関数空間で定義されたリスクを分散や標準偏差または半分散や VaR などの数値で代替したとき，これらを**リスク尺度 (risk measure)** と呼ぶ．これらのリスク尺度については第 3 章で述べる．有価証券のリスクは，その有価証券を発行する企業とその企業が属する産業のビジネス・リスク，資本市場の金融リスク，金利の変動リスク，消費者の購買力リスク，消費者の選好リスク，特に今日のグローバル化した世界経済の下での為替リスクやカントリーリスクなど様々な要因によって企業の将来収益が確定的に定まらない．このような企業の不確実な将来収益はその企業の発行する有価証券の価格を変動させる．投資家はより低いリスクを好み，より高いリターンを欲する．企業収益に影響を与えるこれらのリスクを個々の投資家はコントロールすることはできないので，投資対象を多様化・分散化することによって，投資全体としての総リスクをコントロールする方法を分析することが証券投資論のテーマでもある．

　有価証券をリスクがある証券とリスクのない証券に分類する．**無リスク証券**とは将来の収益すなわち価値が厳密に確定している証券である．そのような無リスク証券の例は，破綻するリスクのない政府が発行する**国債 (government bond)** である．今日，100 万円の国債を購入したとき，年間 5 万円のクーポン（金利）が確実に支払われ，満期には額面 100 万円が戻ってくるならば，そのような国債は無リスク証券である．この無リスク証券は存在するとすれば一意 (unique) である．もし 2 つ以上の無リスク証券が存在すれば，安い価格の無リスク証券を購入し，高い価格の無リスク証券で売却すれば裁定利潤 (arbitrage profit, フリーランチともいう) が発生する．有価証券の価格はこのような裁定利潤が発生しないような市場のシステムを通して決定されることを本書で詳しく説明する．したがって，無リスク証券の存在は，証券投資論の理論ばかりでなく金融市場にとっても必要不可欠である．無リスク証券に対して将来の収益すなわち価値が不確実な証券を**リスク証券**と定義する．リスクと不確実性とは同義語とみなすことにする．リスク証券の典型的な例は上場企業が発行する株式（単に株，share）である．株式がもたらす将来収益としての配当や資本利得は不確実であ

る．したがって，株価は変動する．無リスクな国債以外のほとんどの金融商品は
リスク証券である．例えば，現金もそれが外国通貨ならば為替が変動する限りリ
スク資産である．

2.2 リスクとリターン

資本市場においてどのような証券や金融資産を売買するかにかかわらず，リス
クは投資にとって固有の概念である．例えば，実物資産への投資の意思決定に際
し，投資した実物資産（新しい工場・設備など）からの将来収益（リターン）を
推定し，リスクとリターンを勘案して投資の意思決定を行う．証券投資において
も投資した金融資産の価値はその資産が将来どの程度の収益を生み出すかに依
存する．金融資産がその保有者にもたらすキャッシュ・フローを利回り (yield)
と呼び，現在の価格を P_t，購入価格を P_0 としたとき，$P_t - P_0 > 0$ ならばその
差を**資本利得**，$P_t - P_0 < 0$ ならば**資本損失**と呼ぶ．利回りと資本利得（また
は資本損失）の和を**リターン**と呼ぶ．利回りは，株式ならば配当，債券ならば
クーポンを指す．税金は投資家や資産ごとに異なるので，利回りは投資家ごと
に異なるが，資本利得と資本損失は同一の資産と同一の時間の下では共通であ
る．投資家はより小さいリスクとより大きいリターンを選好するので，リスク
が大きくなればより大きなリターンを投資家は要求する．同様にリターンが小
さければより小さいリスクを要求する．リターンを求めることは，すなわち，リ
スクを取ることである．このようにリスクとリターンは投資決定の基本概念で
ある．リスクの増加に応じて受け取るリターンの増加分を**リスク・プレミアム**
(risk premium) と呼ぶ．逆に，ある金融商品に投資家にとってリスクが減少す
る制約や条項が付与されたときは，その金融商品の価格は**割引** (discount) かれ
ることになる．例えば，償還型アメリカンプットオプションは，非償還型アメリ
カンよりも償還権の部分が割引かれ，ヨーロピアンプットよりも早期権利行使の
部分がプレミアムとして割増しされる．

有価証券のリスクとリターンの特性をより深く理解することは証券投資論に
おいて必須の事柄である．リターンもリスクも時間の幅が存在してはじめて発
生する概念である．特定の 1 時点ではリスクもリターンも存在しない．現在と
将来というように時間的ズレがあってはじめてリスクとリターンを定義し，認識

することができる．有価証券のリターンはその証券の価格がスポット市場で変動したことで資本利得が測定され，その間に金利支払があったか否かで決まる．リスクは保有期間にその価格がどの程度変動したかによって測定される．時間軸が0ならば，リスクもリターンも0である．有価証券のリスクは，発行体の信用度，満期や証券に対する請求権の優先度や流動性などの要因によって異なる．これらはいずれも時間に係る要因であるので，リターンの変動としてのリスクはこれらの要因をどのように測定するかに関係している．図2.1は東証株価指数(TOPIX)を1985年から2009年までの期間について描いたものである．異なる2時点以上を固定すれば，その期間のリターン（価格差）とリスク（例えば標本標準偏差）を計算することができる．第3章のポートフォリオ理論では様々なリスク尺度について説明する．特に平均＝分散モデルに基づくポートフォリオ理論では収益の標準偏差をリスク尺度として採用することが主流である．証券投資論における基本命題の1つはリターンはリスクに比例するということである．

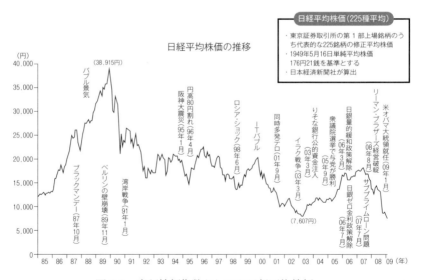

図 2.1　東証株価指数としての日経平均株価

2.3 現在価値と裁定

投資によるキャシュ・フローすなわちリターンが既知ならば，その投資の意思決定を評価することができる．投資の現在価値を計算することはそのような投資決定の有力な評価方法である．まずはじめに議論を簡単にするために投資によるリターンは確定的（無リスク）であり，完全な市場（第1章1.3を参照）を仮定する．確定的な世界では株式と債券の違いはなく，この場合，同一のリターンをもつ．ある有価証券がより高いリターンをもつならば，すべての資金をこの有価証券に集中投資することになり，このことはこの有価証券の価格を押し上げる．その結果，収益率を押し下げる．逆に，ある証券がより低いリターンをもつならば，その証券価格は下落し，その結果，その収益率を押し上げる．したがって，均衡では確定的な市場での有価証券はすべて同一のリターンをもつ．このことを裁定機会が存在しないと呼ぶ．このような無リスク証券の収益率を r とする．

ある証券の時刻 j のキャッシュ・フローを C_j, $j = 1, 2, \cdots, n$, とすれば，この証券への投資の**現在価値** (Present Value, PV) は

$$\mathrm{PV} = \sum_{j=1}^{n} \frac{C_j}{(1+r)^j} \tag{2.1}$$

で与えられる．この有価証券が株式で C_j を期 j での配当（確定的）とすれば，発行企業に破綻リスクがない場合の株式価値は (2.1) 式において n を限りなく大きく ($n \to \infty$) したときの値に等しい．(2.1) 式の右辺を r の関数とみなして，有価証券の購入価格を P_0 とすれば

$$f(r) = \sum_{j=1}^{n} \frac{C_j}{(1+r)^j} - P_0 \tag{2.2}$$

とおいたとき $f(r^*) = 0$ となる r^* を**内部収益率**と呼ぶ．$C_j \geq 0$ ならば，$f(r)$ は r の減少関数であるので，$\lim_{r \to \infty} f(r) < 0$ かつ $f(0) > 0$ ならば $f(r^*) = 0$ となる内部収益率 r^* が少なくとも1つ存在する．(2.2) 式の $f(r)$ を**正味現在価値** (Net Present Value, NPV) と呼ぶ．

もしキャッシュ・フロー C_j が確定的でないならば，すなわち確率変数である
ならば，キャッシュ・フローを**リスク中立確率** (risk neutral probability)(詳細
は第 7 章 7.4 節を参照) に関して期待値をとることによって (2.1) 式の

$$\text{PV} = \sum_{j=1}^{n} \frac{E[C_j]}{(1+r)^j} \tag{2.3}$$

を計算する．完全で効率的な市場の下で金融投資においては (2.2) 式の正味現在
価値が 0 となるように金融商品の価格が決まる．もし正味現在価値が 0 でない
ならば，この資本市場には裁定機会が存在することになる．裁定機会の存在は裁
定取引を招くことになり，金融資産の価格調整が行われる．このような裁定機会
の存在は完全で効率的な市場の仮定と矛盾する．換言すれば，完全で効率的な
市場では裁定機会の存在を許さないような形で金融商品の価格形成が行われる．
この意味で (2.1) 式または (2.3) 式は有価証券の**ファンダメンタル・バリュー**
(fundamental value) と呼ぶことができる理論値である．もし株式などのスポッ
ト市場が完全で効率的ならば，株式の売買が自由に行うことができ，株価は企業
の配当政策から独立であるから，株価がこのファンダメンタル・バリューを中心
にして変動するのであって，この値から大きく乖離したとしたらファンダメンタ
ル・バリューに回帰するメカニズムが完全で効率的な市場では働くということ
になる．市場で取引される株価は投資家の過去の売買によって影響されるので
はなく，将来のキャッシュ・フローすなわちリターンの流列を適正に織り込んで
時々刻々と変動しつつ価格形成される．これをファイナンスでは価格はランダ
ム・ウォーク (random walk) に従うという．株価は企業が営業活動によって生
成する収益力とその成長性および経営者の能力も含めた経営力に対する市場評
価である．この理論値としての株価は営業収益と投資資金からのキャッシュ・フ
ローの期待値および割引率 r によって決定される．期待値を計算するのに用い
られるリスク中立確率は無リスク資産の収益率，リスク尺度としての標準偏差に
依存する．このようにして市場で決定された株価は，税金や取引費用を無視すれ
ば，初期投資額としての購入額に等しい．したがって，証券投資の正味現在価値
は 0 になる．もし正味現在価値が 0 でなければ，裁定機会が発生し，投資家はコ
ストゼロの裁定取引によって裁定利潤を得る．裁定利潤が消滅するように資本
市場では有価証券の価格の値洗いが瞬時に行われる．

企業はゴーイングコンサーン（永続的に事業活動を志向すること）であるから，後述するリスク中立確率の下で将来の配当額 D_j は**マルチンゲール**(martingale)(詳細は第 7 章 7.4 節を参照) に従うので期待値 $E[D_j] = D_0$ とすれば (2.3) 式より

$$\mathrm{PV} = D_0 \lim_{n \to \infty} \sum_{j=1}^{n} \frac{1}{(1+r)^j} = \frac{D_0}{r}$$

となって，D_0/r が株価のファンダメンタル・バリューである．

各期に配当 D_0 が支払われる第 t 期の株価 $P(t)$ は

$$P(t) = \frac{D_0}{1+r} + \frac{D_0}{(1+r)^2} + \cdots$$
$$= \frac{D_0}{1+r} + \frac{P(t+1)}{1+r} \tag{2.4}$$

が成立するので

$$r = \frac{D_0 + P(t+1) - P(t)}{P(t)} \tag{2.5}$$

となる．配当 D_0 は**所得利得** (income gain) であり，$P(t+1) - P(t)$ は**資本利得** (capital gain) であるから，この場合，割引率 r は投資収益率に等しい．$P(t) = D_0/r$ 以外では裁定機会が存在する．将来の配当総額の現在価値は，投資費用（株価）に等しい．すなわち，証券投資においてその正味現在価値は 0 である．もちろん現実の証券市場は完全で効率的な市場ではない．しかし，理論は資産運用の実務上の有用性を否定するものではない．資産運用の限界を知り，理論値と現実の株価の不一致が生じたときその違いが何からきているかを推察し，均衡では理論値に収束することを認識して運用することもまた大切なことである．株価が企業の配当政策や資本構成からは独立であるが，しかし将来のキャッシュ・フローを規定する実物資産への投資計画には強く依存する．実物資産への投資計画を既知としなければ将来のキャッシュ・フローの期待値を予測することができないので，企業の株価の理論値も計算できないことになる．

2.4 投資データと統計量

　今日の情報技術と情報ネットワークが整備された市場では膨大なデータが利用可能なものがある．投資家はこれらのデータを利用して自らの投資に関する意思決定を日々行っている．有価証券に関する時々刻々の価格データを用いて収益率（リターン）やリスク尺度としての標準偏差を計算することが可能である．取引される有価証券をはじめとする金融商品やこれらの商品の価格に影響を及ぼす有償・無償のデータが利用可能であるばかりでなく，これらの膨大なデータを瞬時に処理して有用な情報を提供する金融サービス業も発展している．

　確率変数は連続と離散の変動に分類され，正規分布に代表される連続的確率変数は理論的に取り扱いやすいという大きな長所がある．しかし，投資データは常に離散である．例えば，東京証券取引所で取引される株価データは離散的である．有限責任の有価証券は負値の価格をとることはない．価格の下限は0であるが，上限はない．株価を連続的確率変数で表現する場合，価格の対数，逆に指数関数としてしばしば表現する．データは，時系列で与えられるものとクロスセクションデータとして利用可能である．例えば，日経225の参照企業の平均配当利回りのデータはクロスセクションデータであり，日経平均株価の日次または月次の過去20年間のデータは時系列データである．異なる有価証券の相関関係を分析したり，将来の価格のダイナミックを記述するパラメータの推定に利用したりする．これらの投資データは政府，公益の研究機関，格付会社や金融機関によって有償・無償で提供される．今日のグローバル化した金融市場の下では国を越えた国際金融データをIMFやOECDは提供している．

　与えられたデータから表やグラフを描き，確率分布を当てはめることができる．確率分布から，そのデータの特性を導き出し，計量的に記述した量は有益な情報を与えてくれる．異なるデータ間の相互の比較をしたり，その差異が統計的に有意であるか否か，その差異は何からくるかの仮説を検証したりする．平均値は位置を表すパラメータであり，中央値の尺度として知られている．標準偏差は規模のパラメータであるので拡散の程度や分散の尺度である．

2.4.1 算術平均

データ $x_i,\ i = 1, 2, \cdots, n,$ が与えられたとき**算術平均** $\bar{x}$ は

$$\bar{x} = \frac{1}{n}\sum_{i=1}^{n} x_i \tag{2.6}$$

で与えられる．$\bar{x}$ はデータの位置を表している．もし m_i がある特定の区間の中央値で，この i 番目の区間 i にそれぞれ l_i 個の値が存在し，区間の数が k ならば，(2.6) 式の算術平均は

$$\bar{x} \approx \frac{\displaystyle\sum_{i=1}^{k} m_i l_i}{\displaystyle\sum_{i=1}^{k} l_i} \tag{2.7}$$

である．有限個のデータが与えられれば，その算術平均は容易に計算され，最も重要な尺度である．しかし，データの数が少なくその値が両極端に散らばっているならば，算術平均の意味とその重要性はデータの代表的な位置を表す指標ではなくなる．この場合，データの平均的位置を表す尺度として算術平均は不適切であろう．

表 2.1　50 個の年金基金の収益率データ

$x_i(\%)$ 収益率の範囲	頻度 n_i	$x_i \times n_i$
$x \leq -12$	1	-13
$-10 < x \leq -5$	2	-14
$-5 < x \leq 0$	3	-9
$0 < x \leq 2$	7	7
$2 < x \leq 4$	10	30
$4 < x \leq 6$	12	60
$6 < x \leq 8$	6	42
$8 < x \leq 10$	4	36
$10 < x \leq 12$	2	22
$x = 13$	1	13
$x = 14$	1	14
$x = 15$	1	15

表 2.1 は 50 個の年金基金の収益率に関するデータであり，これを度数分布として表したものが図 2.2 である．このデータについて (2.7) 式の $\bar{x}$ を計算すれば

$$\bar{x} = \frac{(-13)\cdot 1 + (-7)\cdot 2 + (-3)\cdot 3 + \cdots + 14\cdot 1 + 15\cdot 1}{1 + 2 + 3 + \cdots + 1 + 1} = 29.66$$

となる．

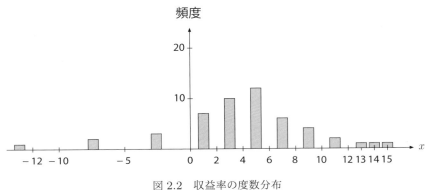

図 2.2 収益率の度数分布

2.4.2 中央値

与えられたデータを大きい順に並べたとき，中央に位置する値を**中央値**（メディアン, median）と呼ぶ．もしデータの数が偶数ならば 2 つの中位の平均を中央値として採用する．データに極端な数値があったとしても中央値はこの値によって強く影響されない．データに上下限のない範囲（区間）があったとしても中央値を求めることが可能である．もちろんデータが膨大に存在し，その分布が正規分布に近い形状を示しているならば，算術平均は十分に位置パラメータの役割を果たすので，中央値の役割は算術平均によって代替される．図 2.2 では中央値は 4 と 8 の算術平均であるので $(4+8)/2 = 6$ である．一般に n 個のデータがあれば，中央値は $(n+1)/2$ 番目の観察値である．

2.4.3 最頻値

データの中で最も観測頻度が多い数値を**最頻値**（モード, mode）と呼ぶ．最頻値は観察値が最も多く実現した値として位置パラメータの尺度としての特性を

もつ．図 2.2 ではモードは 5 である．このように位置を表す平均的な数値として算術平均，中央値（メディアン），最頻値（モード）の 3 種類の尺度がある．データが連続分布で近似できるとき，図 2.3(a) のように正規分布ならば，算術平均，中央値および最頻値の 3 つの尺度は同じ値を示す．しかし，図 2.3(b) のような分布は 3 つの尺度はそれぞれ異なる値を示している．

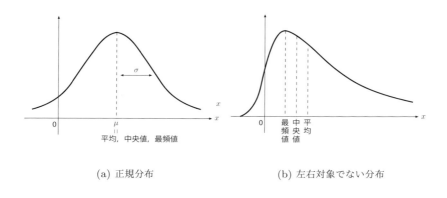

(a) 正規分布　　　　　　　　　(b) 左右対象でない分布

図 2.3　連続的な確率密度関数

2.4.4　平均絶対偏差と不偏標本分散

データから算術平均 $\bar{x} = \sum_{i=1}^{n} x_i/n$ または $\bar{x} \approx \sum_{i=1}^{k} x_i l_i / \sum_{i=1}^{k} l_i$ が求められたとき，この算術平均から各データの値がどれだけ離れているかを示す尺度として，平均との差の絶対値の平均を表す**平均絶対偏差** (mean absolute deviation, MAD) がある．

$$\text{MAD} = \frac{1}{n} \sum_{i=1}^{n} |x_i - \bar{x}| \tag{2.8}$$

もし k 個のクラスがあって，各クラスの頻度が l_i ならば

$$\text{MAD} \approx \frac{\sum_{i=1}^{k} |x_i - \bar{x}| l_i}{\sum_{i=1}^{k} l_i} \tag{2.9}$$

で与えられる．これに対して**不偏標本分散** s^2 は

$$s^2 = \frac{1}{n-1} \sum_{i=1}^{n} (x_i - \bar{x})^2 \tag{2.10}$$

または

$$s^2 \approx \frac{\sum_{i=1}^{k} (x_i - \bar{x})^2 l_i}{\sum_{i=1}^{k} l_i - 1} \tag{2.11}$$

で与えられる．

　時系列データについてはデータがある種のパターンをもつことや，季節変動などの循環性によって繰り返し発生することを仮定している．時系列データは確率的に変動するが，時系列的には傾向（トレンド）と季節などの循環性をもつとみなして，将来の変動の予測や推定に時系列分析を適用する．移動平均法，加重移動平均法および指数平滑法の 3 つの予測手法について説明する．

2.4.5 移動平均法

　時系列データとして与えられたデータの中から直近の m 個の実現値の平均を用いる方法を移動平均法と呼ぶ．x_t を時刻 t のデータとすれば，時刻 t での移動平均 $\bar{x}_t$ は

$$\bar{x}_t = \frac{1}{m} \sum_{i=0}^{m-1} x_{t-i} \tag{2.12}$$

となる．移動平均法では，新しい観測値が利用可能となるにつれて，(2.12) 式に最も古いデータと入れ替えて平均値が時間とともに更新される．移動平均法での平均とは m 時点前から直近までの期間の平均である．

2.4.6 加重移動平均法

移動平均法では各期のデータは同じ重みをもち，単純な算術平均を計算していた．加重移動平均法では，各期のデータは異なる重みをもち，直近の m 個のデータの平均を計算することによる予測手法である．例えば，直近のデータにはより大きい重み w_i を与えるとすれば，t 期の予測値は

$$\bar{x}_t = \frac{1}{m}\sum_{i=0}^{m-1} w_i x_{t-i}, \quad w_0 > w_1 > \cdots > w_{m-1} \tag{2.13}$$

で与えられる．ここで，$\sum_{i=0}^{m-1} w_i = 1$ である．もし $w_i = 1/m$ ならば，それは単純な移動平均に退化する．

2.4.7 指数平滑法

指数平滑法は，直近の予測値と実現データとの加重平均をその期の予測値とする予測方法である．すなわち，f_t を t 期の予測値，x_t を t 期の実現値とすれば $0 < \alpha < 1$ である定数 α に対して $(t+1)$ 期の予測値 f_{t+1} を

$$f_{t+1} = \alpha x_t + (1-\alpha)f_t, \quad 0 < \alpha < 1 \tag{2.14}$$

とする．(2.14) 式を書き直して

$$f_{t+1} = \alpha x_t + (1-\alpha)[\alpha x_{t-1} + (1-\alpha)f_{t-1}]$$
$$\vdots$$
$$= \alpha x_t + \alpha(1-\alpha)x_{t-1} + \alpha(1-\alpha)^2 x_{t-2} + \cdots + \alpha(1-\alpha)^t x_0$$

と書けるので，過去のデータは指数的にその期のデータの重みが軽減していく．$w_t = \alpha(1-\alpha)^t$ とおけば，$w_0 > w_1 > \cdots > w_t$ が成立している．(2.14) 式は

$$f_{t+1} = f_t + \alpha(x_t - f_t)$$

と書き直せるので，前期の誤差 $(x_t - f_t)$ を α によって補正することを意味している．

2.4.8 予測の精度

3 つの予測方法において重要なことはそれぞれの予測方法の予測精度である．予測による誤差が小さい程，より良い予測方法である．予測誤差を測る尺度として予測値 f_t と実現値 x_t との差の 2 乗である**平均平方誤差** (mean square error, MSE) を採用する．すなわち

$$\text{MSE} = \frac{1}{n-1} \sum_{t=1}^{n} (x_t - f_t)^2 \tag{2.15}$$

である．移動平均法では，平均平方誤差 MSE は計算するには期間の長さ m に依存する．MSE が最小となるように m を試行錯誤によって選ばなければならない．加重移動平均法では，データの数である期間の長さに加えて，各データ値に対する重み w_t を選ぶ必要がある．直近のデータは古い過去のデータよりも予測値にとって重要と考えるならば，直近のデータにより大きな重みを付加する．もし時系列データが期ごとに大きく変動するならば，毎期のデータに重みを与えることが望ましい可能性もある．条件は，その重みの和が 1 であることである．ある特定の重みがより良い予測値となるか否かの判断は，MSE がどの重みに対してより小さくなるかで判断することである．過去のデータに対して最良の予測値は，将来の予測にとっても最良であるに違いないと仮定するならば，過去のデータに対して MSE が最小ならば将来のデータに対しても予測誤差は最小となると考えて重みを採用する．指数平滑法においては，直近の予測と実現値の加重平均であるから，予測誤差は過去の傾向や循環に依存するよりもその期ごとの変動により大きく依存するとみなしている．毎期の変動が比較的小さく，予測誤差が発生したときに時期の予測値をすみやかに修正する予測方法であるので，指数平滑法は時系列に沿った変化に迅速に対応することを可能にする予測方法である．(2.14) 式のパラメータ α を決定する基準は，移動平均法の期間の長さを決定する基準と同様に，MSE を最小にするように α を選ぶことである．(2.15)式において，過去の時系列データの数よりも 1 つ少ない $(n-1)$ 個で割っていることに留意しよう．(2.14) 式においてどんな α の値を採用すべきかは，試行錯誤によって α のいくつかの値に対してそれぞれ MSE を計算し，MSE が最も小さい "最適な" α の値を選ぶ．時間の経過とともに新しい観測値が得られるので，

第2章 リスクと確率の基礎

パラメータ α はより良い予測値が得られるように修正される.

2.4.9 回帰分析

有価証券の将来価格や重要な経済指標を予測したい量を**被説明変数** (explained variable) と呼び,この被説明変数を予測するための変数を**説明変数** (explanatory variable) と呼ぶ.**回帰分析** (regression analysis) とは,被説明変数と説明変数とがどのような関係にあるかを記述する方程式を導出する統計的手法である.回帰分析では予測した被説明変数を従属変数,説明変数を独立変数とも呼び,被説明変数と説明変数の関係を一次式(直線)で近似するので,単に線形回帰式と呼ぶ.予測したい被説明変数に影響を与えると思われる独立な説明変数を選び,この説明変数の一次式として被説明変数の値とする.n を観測データの数とし,次の記号を使用する.

$x_i =$ 説明変数の i 番目の観測値 $(i = 1, 2, \cdots, n)$

$y_i =$ 被説明変数の i 番目の観測値 $(i = 1, 2, \cdots, n)$

$\bar{x} =$ 説明変数の平均値

$\bar{y} =$ 被説明変数の平均値

n 個のデータについて x_i と y_i との関係が直線上にあるならば

$$y_i = b_0 + b_1 x_i, \quad i = 1, 2, \cdots, n \tag{2.16}$$

という関係式が成立する.しかし,現実のデータが (2.16) 式を厳密に満たすことはないので,その差を $\epsilon_i = y_i - (b_0 + b_1 x_i)$ とすれば,ϵ_i は各データの点が直線からのズレを表す.そこでこの ϵ_i の絶対値をなるべく小さくするように b_0 と b_1 を決めることを考える.ϵ_i の値自体はプラスあるいはマイナスの値をとるのが普通であるので,その 2 乗和

$$\sum_{i=1}^{n} \epsilon_i^2 = \sum_{i=1}^{n} (y_i - b_0 - b_1 x_i)^2$$

を最小にするように b_0 と b_1 を選ぶ.b_1 を固定して b_0 を選び,その後で $\sum_i \epsilon_i^2$ を最小にする b_1 を選ぶとすれば,次のようになる.観測データを用いて次の量

31

b_1 と b_0 を計算する.

$$b_1 = \frac{\sum_{i=1}^{n} x_i y_i - \left(\sum_{i=1}^{n} x_i \sum_{i=1}^{n} y_i \right) \Big/ n}{\sum_{i=1}^{n} x_i^2 - \left(\sum_{i=1}^{n} x_i \right)^2 \Big/ n} \tag{2.17}$$

$$b_0 = \bar{y} - b_1 \bar{x} \tag{2.18}$$

ここで $\bar{x} = \sum_{i=1}^{n} x_i / n,\ \bar{y} = \sum_{i=1}^{n} y_i / n$ である.

$\hat{y} =$ 予測したい被説明変数

$x =$ 説明変数

とすれば, 予測したい $\hat{y}$ の回帰式は

$$\hat{y} = b_0 + b_1 x \tag{2.19}$$

で与えられる. x を観察して, $\hat{y}$ を予測するために, パラメータ b_0, b_1 を観察データ $(x_1, x_2, \cdots, x_n)$, $(y_1, y_2, \cdots, y_n)$ を用いて (2.17) 式と (2.18) 式によって計算すればよい.

(2.19) 式では説明変数が 1 個である. 一般に, 実際の予測では被説明変数に影響を与える説明変数の数は複数存在するのが現実的である. 次に, 時系列データが利用可能で説明変数が k 個存在する場合, 被説明変数 y を予測するための回帰式を述べる.

$y_t =$ 時刻 t での時系列データの観測値

$x_{it} =$ 時刻 t での第 i 番目の説明変数の観測値

ここで, $t = 1, 2, \cdots, n,\ i = 1, 2, \cdots, k$ である. 予測したい $\hat{y}_t$ の回帰式は

$$\hat{y}_t = b_0 + b_1 x_{1t} + b_2 x_{2t} + \cdots + b_k x_{kt}, \quad t = 1, 2, \cdots, n \tag{2.20}$$

で与えられる. y_t と $\hat{y}_t$ との差は予測誤差であるので, $\epsilon_t = y_t - \hat{y}_t$ とすれば上式は

$$y_t = b_0 + b_1 x_{1t} + b_2 x_{2t} + \cdots + b_k x_{kt} + \epsilon_t, \quad t = 1, 2, \cdots, n \tag{2.21}$$

となり，重回帰式と呼ばれる．重回帰式で $k = 1$ とすれば (2.21) 式は (2.19) 式に退化する．1 変数の場合と同様に

$$\sum_{t=1}^{n} \epsilon_t^2 = \sum_{t=1}^{n} (y_t - \hat{y}_t)^2$$

を最小にするように $b_0, b_1 \cdots, b_k$ を選ぶ．重回帰式のパラメータ $b_0, b_1 \cdots, b_n$ の計算は，今日では Excel などのソフトを利用すれば PC 上で容易に実装することが可能である．

2.5　確率と確率過程

　ファイナンスはリスクの世界であり，投資家はリスク世界のプレーヤーである．リスクは確率的に変動する量，確率変数として表現されることを先に述べた．この節では，証券投資論において不可欠な確率と確率過程およびファイナンス理論での金融資産をはじめ金融商品の価格評価において重要な役割を果たすいくつかの概念と定理について述べる．

　確率を定義する前に，状態または事象の集合である**標本空間**として Ω を定義する．例えば，コインを投げて表という事象を 0，裏の事象を 1 とすれば，$\Omega = \{0, 1\}$ であり，有価証券の価格の実現値ならば非負の実数値であるので $\Omega = \mathbf{R}^+$ である．

定義 2.1 標本空間 Ω の部分集合の集まり $\mathcal{F}$ が次の性質を満たすならば，$\mathcal{F}$ を Ω の σ 加法族 (σ-field) と呼ぶ．
 (i) 空集合 ϕ と標本空間 Ω は $\mathcal{F}$ の要素である．すなわち，$\phi, \Omega \in \mathcal{F}$.
 (ii) 可算個の $\mathcal{F}$ の要素 $E_i (i = 1, 2, \cdots)$ に対して，$\bigcup_i E_i \in \mathcal{F}$, $\bigcap_i E_i \in \mathcal{F}$ が成立する．すなわち，$\mathcal{F}$ は可算個の要素の和と積に関して閉じている．
(iii) $A \in \mathcal{F}$ ならば A の補集合 A^c も $\mathcal{F}$ の要素である．また逆も成り立つ．
確率は標本空間 Ω とその σ 加法族 $\mathcal{F}$ の上で定義される．

定義 2.2 標本空間 Ω とその σ 加法族の上で定義される確率とは，次の性質を満たす $\mathcal{F}$ から実数の閉区間 $[0, 1]$ への関数である．
 (i) $P(\phi) = 0$

(ii) $P(\Omega) = 1$

(iii) $A_i (i = 1, 2, \cdots)$ が $\mathcal{F}$ の要素で互いに排反 $(A_i \cap A_j = \phi \ (i \neq j))$ ならば

$$P\Big(\bigcup_{i=1}^{\infty} A_i\Big) = \sum_{i=1}^{\infty} P(A_i)$$

となる.

すべての要素 A（Ω の部分集合）に対して $\Omega = A \cup A^c$ であり $A \cap A^c = \phi$ であるから $1 = P(\Omega) = P(A) + P(A^c) = 1$ が成立する. $A \subset B$ ならば $P(A) \leq P(B)$ である. もし $A_n \subset A_{n+1}$ ならば, $P(A_n)$ は下から $P(\bigcup_{n=1}^{\infty} A_n)$ に収束する. もし $A_n \supset A_{n+1}$ ならば, $P(A_n)$ は上から $P(\bigcap_{n=1}^{\infty} A_n)$ に収束する. 3 つの組 $(\Omega, \mathcal{F}, P)$ を確率空間と呼ぶ. 1 時点の確率のみを考えるならば確率空間 $(\Omega, \mathcal{F}, P)$ の概念は必ずしも必要としないが, 後述する確率過程を考えるときには確率空間の概念がより重要となる.

定義 2.3 確率空間 $(\Omega, \mathcal{F}, P)$ の上で定義される**確率変数** X とは, 任意の実数 $x \in \mathbf{R}$ に対して $\{\omega \in \Omega : X(\omega) \leq x\} \in \mathcal{F}$ となるような Ω から実数 $\mathbf{R}$ への関数である.

$\mathcal{F}$ の要素である事象 $\{X \leq x\}$ に対して 1 つの確率 P を定義できるので

$$P(X \leq x) = P(\{\omega \in \Omega : X(\omega) \leq x\}) \tag{2.22}$$

と書く. 右辺のように確率を事象の上で定義する方法と左辺のように実数に対する確率変数として定義する方法とがある. 特別な例としてコイン投げのように Ω を実数 0, 1 として確率変数 X は Ω の上の実数値関数とすることもできる. すなわち, $\Omega = \{0, 1\}$, $\mathcal{F} = \{\phi, \{0\}, \{1\}, \{0, 1\}\}$ とすれば $\mathcal{F}$ の上の各要素の確率はそれぞれ 0, 0.5, 0.5, 1 となる. 複数の事象を同時に考える場合には, ある事象が起こったという条件の下で他の事象の確率を考えるという条件付確率が必要になる. 2 つの事象 $A, B \in \mathcal{F}$ について B という事象が起こったという条件の下で事象 A の起こる確率を**条件付確率**と呼び

$$P(A|B) = \frac{P(A \cap B)}{P(B)} \tag{2.23}$$

で定義する．ただし，$P(B) > 0$ とする．もし $P(A \cap B) = P(A) \cdot P(B)$ ならば，A と B は**独立**であるという．A と B が独立のとき (2.23) 式は

$$P(A|B) = P(A)$$

となる．

$F(x) = P(X \leq x)$ を確率変数 X の**分布関数**という．$F(x)$ は右連続な単調増加関数で，$\lim_{x \to \infty} F(x) = 1$，$\lim_{x \to -\infty} F(x) = 0$ である．$P(a < X \leq b) = F(b) - F(a)$．確率変数 X が連続的な値をとるとき分布関数 $F(x)$ が

$$F(x) = \int_{-\infty}^{x} f(u) \, du \tag{2.24}$$

となる関数 $f(x)$ を分布関数 $F(x)$ の**密度関数**という．確率変数のベクトル $X = (X_1, X_2, \cdots, X_n) \in \mathbf{R}^n$ に対して

$$F(x_1, x_2, \cdots, x_n) = P(X_1 \leq x_1, X_2 \leq x_2, \cdots, X_n \leq x_n) \tag{2.25}$$

$F(x_1, x_2, \cdots, x_n)$ を X の分布関数または $(X_1, X_2, \cdots, X_n)$ の**結合分布**という．確率変数 X と連続関数 g に対して $g(X)$ もまた確率変数である．$F(X) = P(X_1 \leq x_1, X_2 \leq x_2, \cdots, X_n \leq x_n) = \prod_{i=1}^{n} P(X_i \leq x_i) = \prod_{i=1}^{n} F_i(x_i)$ を満たすとき，X_i は互いに**独立**であるという．X_i が互いに独立であることと関数 $g(X_i)$ が互いに独立であることは等価である．指示関数 $1_{\{\omega \in A\}}$ を

$$1_{\{\omega \in A\}} = \begin{cases} 1, & \omega \in A \\ 0, & その他 \end{cases}$$

と定義すれば，$(\Omega, \mathcal{F}, P)$ 上の確率変数 X が

$$X = \sum_{i=1}^{n} a_i 1_{\{\omega \in A_i\}}, \quad A_i \in \mathcal{F} \tag{2.26}$$

と表せるとき，X を**階段関数**と呼び，X は離散的確率変数である．このとき X の**期待値** $E[X]$ は

$$E[X] = \sum_{i=1}^{n} a_i P(A_i) \tag{2.27}$$

により定義する．期待値に関して次の性質がある．ただし，a, b は定数である．

(1) $X \leq Y$ ならば $E[X] \leq E[Y]$

(2) $E[aX + bX] = aE[X] + bE[X]$

(3) $|E[X]| \leq E[|X|]$

(4) $X^+ = \max(X, 0),\ X^- = \max(-X, 0)$ とすれば $E[X^+]$ と $E[X^-]$ が有限のとき，$E[X] = E[X^+] - E[X^-]$

(5) 確率変数 X の分布関数 $F(X)$ とし，$g(x)$ を (Borel) 可測関数としたとき

$$E[g(X)] = \int_{-\infty}^{\infty} g(x)\ dF(x) \tag{2.28}$$

は確率変数 X の関数の期待値である.

$E[X^2] < \infty$ のとき

$$Var(X) = E[X - E[X]]^2 = E[X^2] - (E[X])^2 \tag{2.29}$$

を X の**分散**と呼び，その平方根

$$\sigma = \sqrt{Var(X)}$$

を**標準偏差**という. 分散については次の性質が成立する.

(1) $Var(aX) = a^2\, Var(X)$

(2) X と Y が独立ならば $Var(X + Y) = Var(X) + Var(Y)$

ベクトル X に対して，X^T を X の転置とすると，各 $E[X_i^2] < \infty$ であるとき確率変数ベクトル $X = (X_1, X_2, \cdots, X_n)^T$ に対して

$$Cov(X_i, X_j) = E[(X_i - E[X_i])(X_j - E[X_j])] \tag{2.30}$$

を X_i と X_j の**共分散**といい，

$$V \equiv Cov(X) = E[(X - E[X])(X - E[X])^T] \tag{2.31}$$

を X の**共分散行列**という. 共分散行列 $V = Cov(X)$ は主対角線に関して対称で正定値である. ベクトル $y = (y_1, y_2, \cdots, y_n)^T$ に対して $y^T V y = E[\{(X - E(X))^T y\}^2] \geq 0$ である. $Cov(X_i, X_j) = 0$ のとき X_i と X_j は**無相関**といい，

$$\rho = \frac{Cov(X_i, X_j)}{\sqrt{Var(X_i)\, Var(X_j)}} \tag{2.32}$$

を相関係数と呼ぶ．また $|\rho| \leq 1$ である．X_i が独立であるとき

$$Var\left(\sum_{i=1}^{n} X_i\right) = \sum_{i=1}^{n} Var(X_i) \tag{2.33}$$

$Cov(X, Y + Z) = Cov(X, Y) + Cov(X, Z)$ が成立する．

　ファイナンス理論では，複利計算が主であるため平均値として算術平均よりも幾何平均を多用する．これらの概念に加えてファイナンス理論では以下の概念と定理が重要な役割を果たしている．

幾何平均 (geometric mean)

　n 個の実現値 $x_1, x_2, \cdots, x_n$ の積の n 乗根を幾何平均（対数平均）と呼ぶ．すなわち，$\bar{x} = (x_1 x_2 \cdots x_n)^{1/n}$．幾何平均には，極端な実現値の影響を軽減する効果があり，また時系列的な変化率を計算する場合に望ましい平均値を与える．特に，ファイナンスでは複利計算や時間に関する収益率を計算するのに幾何平均を使用する．

イェンセンの不等式

　$g(x)$ を R 上の可積分な凸関数とすれば

$$E[g(X)] \geq g(E(X)) \tag{2.34}$$

が成立する．

大数の法則

　X_i が独立で同一分布に従う確率変数ならば，確率 1 で

$$\lim_{n \to \infty} \frac{1}{n} \sum_{i=1}^{n} X_i = E[X_1]$$

が成立する．

ワルドの等式

X_i が独立で同一分布に従う確率変数で，N が X_i とは独立な停止時刻 (stopping time) であるならば

$$E\left[\sum_{i=1}^{N} X_i\right] = E[N] \cdot E[X]$$

である.

中心極限定理

X_i が独立で同一分布に従う確率変数で，その平均が μ で分散 σ^2 をもつならば，確率変数列

$$Z_n = \frac{\displaystyle\sum_{i=1}^{n} X_i - n\mu}{\sigma\sqrt{n}}, \quad n \geq 1$$

は，$n \to \infty$ のとき標準正規分布に収束する.

最後に，ファイナンス理論でしばしば利用される正規分布の性質についていくつかの性質を列挙しておく.

1) 独立な正規分布の和はまた正規分布である.
2) X と Y が標準正規分布のとき $Z = \rho X + \sqrt{1 - \rho^2}Y$ はまた平均 0，分散 1 の標準正規分布に従う．もし X と Y が独立ならば

$$Cov(X, Y) = \rho$$

となる.

3) 標準正規分布に従う確率密度関数を $\phi(x)$，分布関数を $\Phi(x)$ とすると実数 $a, \mu, \sigma(\geq 0)$ に対して，以下が成立する.

(a)
$$\int_a^\infty x\phi(x)dx = \phi(a) = \phi(-a)$$

（b）

$$\int_a^\infty x^2\phi(x)dx = \Phi(a) + a\phi(a)$$

（c）

$$\int_a^\infty \Phi(x)dx = \phi(a) - a\Phi(a)$$

（d）

$$\int_a^\infty x\phi\left(\frac{x-\mu}{\sigma}\right)dx = \sigma^2\phi\left(\frac{a-\mu}{\sigma}\right) + \mu\sigma\Phi\left(\frac{a-\mu}{\sigma}\right)$$

演習問題

問題 2.1 金融投資においてどのようなときにリスク・プレミアムおよび割引が発生するかを述べなさい.

問題 2.2 無リスク証券の価格は一意的であることを示しなさい.

問題 2.3 20 年間，毎月初めに銀行に X 円を預金し，その後 30 年間毎月初めに 20 万円ずつ引き出すとしよう．年利子率 6% で毎月複利の場合，毎月初めに預金する金額 X はいくらになるか.

問題 2.4 次の 15 の年金基金の成長率 (%) について算術平均 $\bar{x}$ と不偏標本分散 s^2 を計算しなさい.

表 2.2　15 の年金基金の成長率

4.3	6.1	5.6	7.4	2.0
6.3	7.3	5.8	9.2	8.3
10.6	6.9	10.3	4.9	9.2

問題 2.5 1 枚 100 円の宝くじが 100 万枚販売された．当りくじの本数と賞金は，それぞれ 1000 万円が 2 本，100 万円が 5 本，10 万円が 20 本，1000 円が 1000 本である．この宝くじを 1 枚買ったときの賞金の期待値と分散を求めなさい.

問題 2.6 X を公平なコインを投げて表の出る回数とする．40 回コインを投げたとき，表が 20 回出る確率を求めなさい．また，この確率を中心極限定理による近似値と比較しなさい．

第3章

ポートフォリオ理論

3.1　ポートフォリオの基本概念

　資産価格が変動すればその資産のリターンも変動する．この変動を資産の**リスク**と呼ぶ．リスク資産を組合せた財産目録を**ポートフォリオ**と呼ぶ．ポートフォリオ選択とは，リスク資産からなるポートフォリオのリスクをある水準以下に保ちながら，ポートフォリオの期待収益率を最大にするような資産の組合せを見つけることである．換言すれば，複数の投資対象である資産があるとき，リターンをできるだけ大きくリスクをできるだけ小さくするために，それぞれの資産に対しての投資額または投資比率を決定する意思決定を**ポートフォリオ選択問題**と呼ぶ．この章ではマルコビッツ (Markowitz, 1952) によって提唱された平均＝分散モデルを中心にポートフォリオ理論について述べる．

　ポートフォリオ理論は，金融経済学から派生した理論と確率・統計学の理論に基づくものとの2つの源流があるが，本章では金融経済学の概念に沿ってポートフォリオ理論を説明する．ポートフォリオ理論は，複数の選択肢の中から意思決定者の効用関数を最大化する選択肢を選ぶ問題から派生してきた．ここでの効用関数とは，資産選択の結果（果実）に対して意思決定者（ファイナンスでは投資家）の満足度を表す数値を割り当てる関数である．選択の結果がより望ましければ，効用の数値もより大きくなる．選択された選択肢は，意思決定者にとって制約条件の下で効用関数を最大にする選択肢である．ポートフォリオ理論では，資産を証券とみなし，選択肢を複数の証券の購入量または購入比率と考

41

える．ポートフォリオ理論は利用可能な投資額（富）を投資家の効用関数を最大にするために複数の証券にどのように配分するかを考える決定問題の理論である．異なる選択肢は異なる投資額の配分を表すポートフォリオであり，異なるポートフォリオは異なるリターン（厳密にはリターンの期待値）とリスクをもつ．投資家は，リターンとリスクの可能な組合せの中から自らの効用関数を最大にするポートフォリオを選択する．ここで，リターンは効用関数を増加させ，リスクは効用関数を減少させるとすれば，効用関数はリスクとリターンの関数と考える．図 3.1 はリターンとリスクの組合せに対応した無差別曲線を表している．

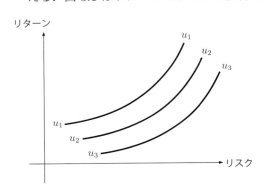

図 3.1 リターンとリスクによる無差別曲線

同一の無差別曲線上では同じ効用を与えるリターンとリスクの組合せを表し，u_1 は u_2 より，u_2 は u_3 よりも大きい効用を与えている．各効用関数の傾きは，同一の効用の下でより大きなリターンを得るためにはより大きなリスクを引き受ける必要があることを表している．また，図 3.1 において 3 つの効用関数は，同一のリスクの下でリターンが大きい

程望ましいので上側の効用関数がより大きな効用を与え，同一のリターンの下でより大きなリスクを与える下側の効用関数はより小さい効用を与えることを表している．各リスクのレベルに対して最も大きなリターンを与えるポートフォリオを**効率的ポートフォリオ** (efficient portfolio) と呼ぶ．この効率的ポートフォリオを導くためには投資家のリスク選好を仮定する必要がある．ポートフォリオ理論では，投資家の効用関数は**リスク回避的**であると仮定する．すなわち，同一のリターンと 2 つの異なるリスクをもつポートフォリオがあるならば，投資家はリスクの小さい方のポートフォリオを選択する．数学的には富の上で定義された効用関数 $u(\cdot)$ の 2 階の導関数 u'' が負値をもつことである．別の表現をするならば，ポートフォリオのリターンの期待値をパラメータ（所与）としてリスクを最小にするようなポートフォリオの集合が効率的ポートフォリオで

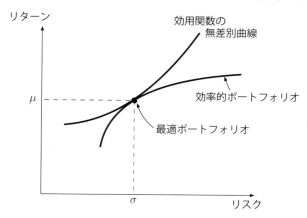

図 3.2　最適ポートフォリオが与えるリスクとリターン

ある．この効率的ポートフォリオの集合の中で投資家の効用関数を最大にするポートフォリオを**最適ポートフォリオ** (optimal portfolio) と呼ぶ．図 3.2 は効率的ポートフォリオの中で効用関数を最大にするポートフォリオのリスク σ とリターン μ を 2 次元に落として描いている．

3.2　ポートフォリオのリターンとリスク

いま n 種類のリスク証券があり，ある期首において n 種の証券に投資し，期末のリターンを最大化する意思決定の問題を考える．x_i を証券 i の期首での投資比率とすれば，ベクトル $x = (x_1, x_2, \cdots, x_n)^T$ はポートフォリオである．ただし，$\sum_{i=1}^{n} x_i = 1$ である．ここで，もし $x_i < 0$ ならば，証券 i は**空売り** (short sale) されているという．次の記号を使用する．

$R_i = $ 証券 i の 1 期間あたりの収益率（リターン）を表す確率変数
$R_x = $ ポートフォリオ x の収益率

期首でポートフォリオ x を選択したとき，各 R_i は確率変数であるから期末のポートフォリオの収益率 R_x もまた確率変数である．すなわち

$$R_x = x_1 R_1 + x_2 R_2 + \cdots + x_n R_n \tag{3.1}$$

となって，ポートフォリオの収益率は各リスク証券の収益率の投資比率に応じた加重平均である．(3.1) 式において各証券の収益率の期待値を $E[R_i]$ とおけば，ポートフォリオの収益率の期待値 $E[R_x]$ は

$$E[R_x] = x_1 E[R_1] + x_2 E[R_2] + \cdots + x_n E[R_n] \tag{3.2}$$

となる．例えば，$n = 3$ として $x_1 = 0.25$, $x_2 = 0.45$, $x_3 = 0.30$, $E[R_1] = 0.12$, $E[R_2] = 0.10$, $E[R_3] = 0.10$ とすれば

$$E[R_x] = 0.25 \times 0.12 + 0.45 \times 0.10 + 0.30 \times 0.10$$
$$= 0.03 + 0.045 + 0.03 = 0.105$$

となる．投資家は，各証券の期待収益率を知る（計算する）ことができれば，(3.2) 式によってポートフォリオの期待収益率を知る（計算する）ことができる．期首と期末の価格とその間の配当などが与えられれば収益率が事後的に計算できる．期首において期末の価格の確率分布が与えられれば，各証券の期待収益率を計算することができるので，この場合のポートフォリオの期待収益率は事前に計算できる．証券 i の収益率 R_i が m_i 個の値の中で j 番目の値 R_{ij} をとる確率が $P_j^i = P(R_i = R_{ij})(i = 1, \cdots, n,\ j = 1, \cdots, m_i)$ であるとすれば，証券 i の期待収益率は

$$E[R_i] = \sum_{j=1}^{m_i} R_{ij} P_j^i = R_{i1} P_1^i + R_{i2} P_2^i + \cdots + R_{im_i} P_{m_i}^i \tag{3.3}$$

となるので，ポートフォリオの期待収益率 $E[R_x]$ は (3.2) 式より

$$E[R_x] = x_1 \sum_{j=1}^{m_1} R_{1j} P_j^1 + x_2 \sum_{j=1}^{m_2} R_{2j} P_j^2 + \cdots + x_n \sum_{j=1}^{m_n} R_{nj} P_j^n \tag{3.4}$$

となる．

　ポートフォリオ理論では，リスクの尺度として分散（またはその標準偏差）を採用する．各リスク証券のリスクをその分散で表すならば，ポートフォリオのリスクもその分散で表すことになる．すなわち，各証券の収益率の分散 $Var(R_i)$ は

$$Var(R_i) = \sum_{j=1}^{m_i} (R_{ij} - E[R_i])^2 P_j = \sum_{j=1}^{m_i} R_{ij}^2 P_j^i - \left(\sum_{j=1}^{m_i} R_{ij} P_j^i \right)^2 \tag{3.5}$$

となり，ポートフォリオの収益率の分散は

$$Var(R_x) = Var\left(\sum_{i=1}^{n} x_i R_i\right)$$

$$= \sum_{i=1}^{n}\sum_{j=1}^{n} x_i x_j \, Cov(R_i, R_j)$$

$$= \sum_{i=1}^{n} x_i^2 \, Var(R_i) + \sum_{i\neq j}\sum x_i x_j \, Cov(R_i, R_j) \tag{3.6}$$

となる．分散は R_i と平均 $E[R_i]$ との差の 2 乗の期待値であるので，この分散の平方根をとった標準偏差 $\sigma(R_i)$ をリスク尺度として採用する場合が多い．すなわち

$$\sigma(R_i) = \sqrt{Var(R_i)}$$

$$\sigma(R_x) = \sqrt{Var\left(\sum_{i=1}^{n} x_i R_i\right)}$$

$$= \sqrt{\sum_{i=1}^{n} x_i^2 \, Var(R_i) + \sum_{i\neq j}\sum x_i x_j \, Cov(R_i, R_j)} \tag{3.7}$$

となる．

表 3.1　A 社の株式のリスク尺度

j	R_{Aj}	P_j	$R_{Aj}P_j$	$(R_{Aj} - E[R_A])^2$	$(R_{Aj} - E[R_A])^2 P_j$
1	0.25	0.2	0.050	0.0225	0.00450
2	0.15	0.5	0.075	0.0025	0.00125
3	-0.10	0.3	-0.030	0.04	0.01200
合計	0.10	1	0.095	—	0.01775

$$Var(R_A) = 0.01775, \, \sigma(R_A) = 0.13323$$

表 3.2　B 社の株式のリスク尺度

j	R_{Bj}	P_j	$R_{Bj}P_j$	$(R_{Bj} - E[R_B])^2$	$(R_{Bj} - E[R_B])^2 P_j$
1	0.20	0.2	0.040	0.00694	0.00139
2	0.10	0.5	0.050	0.00028	0.00014
3	0.05	0.3	0.015	0.00444	0.00133
合計	0.117	1	0.105	—	0.00286

$$Var(R_A) = 0.00286, \; \sigma(R_B) = 0.05349$$

投資対象である証券数が $n = 2$ ならば，$x_1 = x$，$x_2 = 1 - x$ とおいてポートフォリオ $(x, 1 - x)^T$ の分散を計算すれば

$$Var(R_x) = Var(xR_1 + (1 - x)R_2)$$
$$= x^2 Var(R_1) + (1 - x)^2 Var(R_2) + 2x(1 - x) Cov(R_1, R_2)$$

となる．

もし R_1 と R_2 が独立ならば $x = 0.6$，$x = 0.4$ のとき，表 3.1 と表 3.2 について A 社と B 社からの株式からなるポートフォリオ収益の分散と標準偏差を計算すれば

$$Var(R_x) = (0.6)^2 Var(R_1) + (0.4)^2 Var(R_2) \fallingdotseq 0.006848$$
$$\sigma(R_x) = \sqrt{0.006848} \fallingdotseq 0.08275$$

となる．

証券 i と証券 j の収益率の共分散を σ_{ij} として，$n \times n$ の共分散行列を $V = [\sigma_{ij}]$ とすれば，ポートフォリオの分散 $Var(R_x)$ の (3.6) 式は

$$Var(R_x) = x^T V x = \sum_{i=1}^{n} \sigma_i^2 x_i^2 + \sum_{i \neq j} \sum \sigma_{ij} x_i x_j \tag{3.8}$$

となる．ポートフォリオ理論では，ポートフォリオの投資対象である証券の多様化を**分散投資** (diversification) という．この分散投資とは収益率を維持しつつリスクの尺度であるポートフォリオの分散を小さくするような投資方法である．ポートフォリオ収益の分散を小さくするためにポートフォリオ x をどのように選ぶかの問題は，証券の収益率の相互の関係に依存する．すなわち，証券 i と証券 j の共分散 σ_{ij} がどのような値をとるかによって分散投資としてのポートフォ

リオ収益のリスクが決まる．このことを見るために $n=2$ の特別な場合を考えよう．証券 1 の投資比率を x, 証券 2 への投資比率を $(1-x)$ とし，2 つの証券の分散を σ_1^2, $\sigma_2^2 (\sigma_1 < \sigma_2)$, 共分散を $\sigma_{12} = \rho\sigma_1\sigma_2$ （ρ は相関係数）とすれば，このポートフォリオ収益の分散は

$$Var(R_x) = x^2\sigma_1^2 + (1-x)^2\sigma_2^2 + 2x(1-x)\rho\sigma_1\sigma_2$$

となる．無相関，すなわち $\rho = 0$ ならば

$$Var(R_x) = x^2\sigma_1^2 + (1-x)^2\sigma_2^2$$

となって，$Var(R_x)$ を最小にする x は

$$\frac{dVar(R_x)}{dx} = 2x\sigma_1^2 - 2(1-x)\sigma_2^2 = 0$$

より

$$x^* = \frac{\sigma_2^2}{\sigma_1^2 + \sigma_2^2}, \quad 1-x^* = \frac{\sigma_1^2}{\sigma_1^2 + \sigma_2^2}$$

となる．証券 1, 2 の保有比率が正値をとるので，証券 1, 2 はともにロング・ポジションである．図 3.3 を参照．$\rho = -1$ ならば

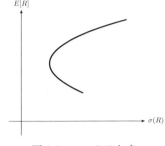

図 3.3　$\rho = 0$ のとき

$$Var(R_x) = (\sigma_1^2 + \sigma_2^2 + 2\sigma_1\sigma_2)x^2 - 2\sigma_2(\sigma_2 + \sigma_1)x + \sigma_2^2$$
$$= ((\sigma_1 + \sigma_2)x - \sigma_2)^2$$

となって，x に関して下に凸であるから

$$\frac{dVar(R_x)}{dx} = 2(\sigma_1 + \sigma_2)^2 x - 2\sigma_2(\sigma_1 + \sigma_2) = 0$$

より

$$x^* = \frac{\sigma_2}{\sigma_1 + \sigma_2}, \quad 1-x^* = \frac{\sigma_1}{\sigma_1 + \sigma_2}$$

となる．図 3.4 を参照．このとき，$\sigma(R_x) = 0$. もし $\rho = 1$ ならば

$$Var(R_x) = \sigma_1^2 x^2 + \sigma_2^2(1-x)^2 + 2\sigma_1\sigma_2 x(1-x)$$
$$= (\sigma_1 x + \sigma_2(1-x))^2$$

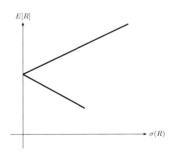

図 3.4　$\rho = -1$ のとき

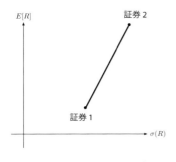

図 3.5 $\rho = 1$ のとき

となるから，ポートフォリオ収益のリスクは各証券のリスクのポートフォリオの加重平均である．分散投資のメリットはない．証券 2 が証券 1 よりもハイリスク・ハイリターンならば，ポートフォリオの期待収益率と分散は x の減少関数である．すなわち，x が増加すればリターンとリスクはともに減少する．図 3.5 を参照．

リスクの尺度としてポートフォリオ収益の分散を採用し，分散を最小にすることは，証券の収益間の相関係数に依存することがわかる．$\rho = -1$ のときのように 2 証券の収益が完全に逆相関しているかまたは $\rho = 0$ のときは，2 証券ともにロング・ポジションをとることによってポートフォリオの収益の分散を最小化できる．$\rho = 1$ のときは，リスクを軽減するための分散投資のメリットはない．

例題 3.1 $n = 2$ とする．証券 1 と証券 2 の期待収益率と標準偏差は，それぞれ $\mu_1 = 0.1$, $\mu_2 = 0.2$, $\sigma_1 = 0.2$, $\sigma_2 = 0.3$ である．ただし，空売りは認められないとする．このとき，

1) 証券 1 と 2 の相関係数が $\rho = 1, 0, -1$ について，分散を最小にするポートフォリオを求めよ．

$$\rho = 1 \text{ のとき } x_1^* = 1.0, x_2^* = 0 \text{ （図 3.5 参照）}$$

$$\rho = 0 \text{ のとき } x_1^* = \frac{0.09}{0.04 + 0.09} = 0.69, x_2^* = 1 - x_1^* = 0.31$$

$$\rho = -1 \text{ のとき } x_1^* = \frac{0.3}{0.2 + 0.3} = 0.6, x_2^* = 1 - x_1^* = 0.4$$

2) 投資家の目的関数が $E[R_x] - Var(R_x)$ でかつ $\rho = 0$ ならば，最適なポー

トフォリオはどうなるか.

$$E[R_x] - Var(R_x) = x_1 E[R_1] + (1 - x_1)E[R_2] - x_1^2\sigma_1^2 - (1 - x_1)^2\sigma_1^2$$
$$= -0.13x_1^2 + 0.08x_1 + 0.11$$

$$\frac{\partial(E[R_x] - Var(R_x))}{\partial x_1} = -0.26x_1 + 0.08 = 0 \ \text{より}$$

$$x_1^* = \frac{0.08}{0.26} = 0.308$$
$$x_2^* = 1 - x_1^* = 0.692$$

例題 3.2 (ナイーブ・ポートフォリオ) 各証券に均等の比率で投資するポートフォリオを**ナイーブ・ポートフォリオ**と呼ぶ. すなわち, $x_i = 1/n \ (i = 1, 2, \cdots, n)$ である. 証券 i と j の収益率の共分散 σ_{ij} を $i = j$ に対して $\sigma_i^2 = \sigma^2$, $i \neq j$ に対して $\sigma_{ij} = \alpha\sigma^2$, $(0 < \alpha < 1)$ と仮定しよう. 相関係数は $\rho = \sigma_{ij}/(\sigma_i\sigma_j) = \alpha$, ポートフォリオの収益率は $R_x = \sum_{i=1}^{n} R_i/n$ であるから, その期待値は

$$E[R_x] = \frac{1}{n}\sum_{i=1}^{n} E[R_i]$$

であり, その分散 $Var(R_x)$ は

$$Var(R_x) = \frac{1}{n^2}\sum_{i=1}^{n}\sigma^2 + \sum_{i \neq j}\sigma_{ij} = \frac{\sigma^2}{n} + \alpha\sigma^2\frac{n(n-1)}{n^2} = \sigma^2\left(\alpha + \frac{1-\alpha}{n}\right)$$

となる. 投資対象の証券の数を限りなく大きくすれば

$$\lim_{n \to \infty} Var(R_x) = \lim_{n \to \infty}\left(\sigma^2\left(\alpha + \frac{1-\alpha}{n}\right)\right) = \alpha\sigma^2$$

を得る. 同一のリスクをもち, 正の相関係数 α をもつ証券からなる均等投資ポートフォリオのリスクは n が十分に大きいときの $\alpha\sigma^2$ に近づくことを示している.

3.3 平均＝分散モデル

　マルコビッツは, ある一定のポートフォリオ収益を達成することを所与としてポートフォリオ収益の分散を最小にするポートフォリオの構成法を提案した.

平均＝分散モデルはそのような効率的ポートフォリオの構成法を与えるモデルであるが，このモデルでは次の仮定を前提とする．

仮定 1.　投資家はポートフォリオの収益率の平均と分散に基づいてポートフォリオを選択する．

仮定 2.　ある同一のリターンの下で分散を最小にする投資家はリスク回避的である．

仮定 3.　投資家はすべて証券のリターンと証券間の収益率の分散共分散について同一の情報をもち，期末のポートフォリオ収益の分散を最小にするように期首でポートフォリオを選択する．

もし n 種類の証券がすべてリスク証券ならば，$\mu_i \equiv E[R_i]$ $(i = 1, 2, \cdots, n)$ とし，$\mu = (\mu_1, \mu_2, \cdots, \mu_n)^T$ とベクトル表示する．このとき，投資比率 x_i は $\sum_{i=1}^{n} x_i = 1$ である．もし無リスク証券を追加するときは，無リスク証券への投資比率を x_0 とし，無リスク証券の収益率を r_0 とすれば，ポートフォリオは $x = (x_0, x_1, \cdots, x_n)^T$ で表す．ただし，$\sum_{i=0}^{n} x_i = 1$ となる．この場合，各証券の期待収益率が作る平均ベクトルは $\mu = (r_0, \mu_1, \cdots, \mu_n)^T$ と表示する．

3.3.1　無リスク証券がない場合

ポートフォリオ収益の期待値 $E[R_x]$ は

$$E[R_x] = \sum_{i=1}^{n} \mu_i x_i \equiv \mu^T x \tag{3.9}$$

となり，**1** をすべての要素が 1 である n 次元列ベクトルとすれば，ポートフォリオの制約条件は

$$\sum_{i=1}^{n} x_i = \mathbf{1}^T x = 1 \tag{3.10}$$

となる．ポートフォリオ収益の分散 $Var(R_x)$ は (3.6) 式となる．$Var(R_i) = \sigma_i^2$，$Cov(R_i, R_j) = \sigma_{ij}$ とし，共分散行列を $V = [\sigma_{ij}]$ とおけば，(3.8) 式と同様に

$$Var(R_x) = x^T V x \tag{3.11}$$

と書くことができる．(3.9) 式で与えられる $E[R]$ を x に依存しないパラメータ
の所与として，同一の $E[R]$ の下で (3.11) 式の分散を最小にするポートフォリ
オ，すなわち効率的ポートフォリオを求める問題は次の二次計画問題として定式
化できる．

$$\min \frac{1}{2}\,x^T V x \tag{3.12}$$

制約条件：

$$\left|\begin{array}{l} \mu^T x = E[R] \\ \mathbf{1}^T x = 1 \end{array}\right. \tag{3.13}$$

ポートフォリオ x には非負条件を課さないので空売りを認めている．(3.13) 式
の条件の下で (3.12) 式を最小にする効率的ポートフォリオを導出するためにラ
グランジュ関数 L を導入する．

$$L(x,\lambda) = \frac{1}{2}\,x^T V x + \lambda_1(E[R] - \mu^T x) + \lambda_2(1 - \mathbf{1}^T x)$$

ここで λ_1 と λ_2 は 2 つの制約条件に対応する未定乗数である．共分散行列 V を
正定値符号とすると，次の 1 階の必要条件は，x が最適解であるための十分条件
である．

$$\frac{\partial L}{\partial x} = V x^* - \lambda_1 \mu - \lambda_2 \mathbf{1} = \mathbf{0} \tag{3.14}$$

$$\frac{\partial L}{\partial \lambda_1} = E[R] - \mu^T x = 0 \tag{3.15}$$

$$\frac{\partial L}{\partial \lambda_2} = 1 - \mathbf{1}^T x = 0 \tag{3.16}$$

(3.14) 式の $\mathbf{0}$ はすべての要素が 0 である n 次元ベクトルである．(3.14) 式の左
側から V の逆行列 V^{-1} を乗じれば

$$x^* = \lambda_1 V^{-1} \mu + \lambda_2 V^{-1} \mathbf{1} \tag{3.17}$$

となり，これに μ^T を乗じて (3.15) 式を用いれば

$$E[R] = \mu^T x^* = \lambda_1 \mu^T V^{-1} \mu + \lambda_2 \mu^T V^{-1} \mathbf{1} \tag{3.18}$$

を得る．(3.17) 式の両辺に左側から $\mathbf{1}^T$ を乗じて (3.16) 式を用いれば

$$1 = \mathbf{1}^T x^* = \lambda_1 \mathbf{1}^T V^{-1} \mu + \lambda_2 \mathbf{1}^T V^{-1} \mathbf{1} \tag{3.19}$$

を得る．(3.18) 式と (3.19) 式を λ_1 と λ_2 に関して連立して解けば

$$\lambda_1 = \frac{CE[R] - A}{D}, \quad \lambda_2 = \frac{B - AE[R]}{D} \tag{3.20}$$

を得る．ここで A, B, C, D は

$$\begin{aligned} A &= \mathbf{1}^T V^{-1} \mu, \quad B = \mu^T V^{-1} \mu \\ C &= \mathbf{1}^T V^{-1} \mathbf{1}, \quad D = BC - A^2 \end{aligned} \tag{3.21}$$

である．(3.20) 式の λ_1 と λ_2 を (3.17) 式に代入して，$E[R]$ を所与としたとき，分散を最小にするポートフォリオ x^* は

$$\begin{aligned} x^* &= \frac{(CE[R] - A)V^{-1}\mu + (B - AE[R])V^{-1}\mathbf{1}}{D} \\ &= g + hE[R] \end{aligned} \tag{3.22}$$

となる．ただし，

$$g = \frac{BV^{-1}\mathbf{1} - AV^{-1}\mu}{D}$$

$$h = \frac{CV^{-1}\mu - AV^{-1}\mathbf{1}}{D}$$

である．この効率的ポートフォリオ x^* に対して

$$\begin{aligned} Vx^* &= V(g + hE[R]) \\ &= \frac{(CE[R] - A)\mu + (B - E[R]A)\mathbf{1}}{D} \end{aligned}$$

となるので，効率的ポートフォリオの分散 $\sigma^2(R) \equiv Var(R) = x^{*T} V x^*$ は

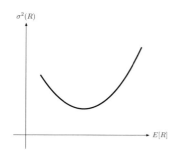

図 3.6 $(E[R], \sigma^2(R))$ 平面上の放物線

$$\begin{aligned} \sigma^2(R) &= \frac{CE[R]x^T\mu - 2AE[R]\mu + Bx^T\mathbf{1} - AE[R]x^T\mathbf{1}}{D} \\ &= \frac{C(E[R])^2 - 2AE[R] + B}{D} \end{aligned} \tag{3.23}$$

となる．ポートフォリオ収益の期待値 $E[R]$ 毎にそれを達成するポートフォリオ収益の分散 $\sigma^2(R)$ が得られたことになる．(3.23) 式を $(E[R], \sigma^2(R))$ 平面で描けば，$B > 0$, $C > 0$ であり $D = BC - A^2 > 0$ であるので図 3.6 の放物線を得る．(3.23) 式を $(\sigma(R), E[R])$ 平面で描けば，$D = BC - A^2 > 0$ を用いることにより，双曲線

$$\frac{\sigma^2(R)}{1/C} - \frac{(E[R] - A/C)^2}{D/C^2} = 1 \tag{3.24}$$

を得る．(3.24) 式は漸近線 $E[R] = A/C \pm \sqrt{D/C}\,\sigma(R)$ をもつ双曲線であるから図 3.7 を得る．(3.24) 式または図 3.7 より $E[R] = A/C$ のとき，効率的ポートフォリオの分散 $\sigma^2(R)$ は最小値 $1/C$ をもつ．この**最小分散ポートフォリオ**を mvp と表記する．(3.24) 式によって与えられるポートフォリオの中で $E[R] = A/C$ より上側の効率的ポートフォリオが与える $(\sigma(R), E[R])$

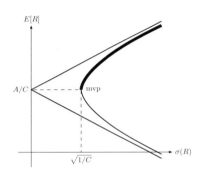

図 3.7　効率的フロンティア

平面上の曲線を**効率的フロンティア** (efficient frontier) と呼ぶ．

平均=分散モデルにおいて証券 i, 証券 j の間に期待収益率 μ_i, μ_j と標準偏差 σ_i と σ_j について，もし，$\mu_i \geq \mu_j$ でかつ $\sigma_i \leq \sigma_j$ が成立するならば，証券 i は証券 j を**優越**するという．ポートフォリオ x と y の期待収益率とその標準偏差について同様に $E[R_x] \geq E[R_y]$ でかつ $\sigma_x \leq \sigma_y$ が成立するならば，ポートフォリオ x はポートフォリオ y を優越するという．あるポートフォリオ x を優越する他のポートフォリオが存在しない場合，ポートフォリオ x は平均=分散モデルにおいて**パレート最適**となっている．

例題 3.3 $n = 3$ として期待収益率と共分散行列が表 3.3 で与えられたとき，効率的ポートフォリオと $(\sigma(R), E[R])$ 平面上で効率的フロンティアを求めてみよう．

表 3.3　期待収益率と共分散行列

i	1	2	3
μ_i	1	2	3
σ_{ij}	1	2	3
1	1	0	0
2	0	2	0
3	0	0	3

表 3.3 において，より大きな期待収益率をもつ証券はリスク尺度の分散も大きいことに注目しよう．すなわち，3 つの証券の中でどの証券も他の証券を優越する証券はない．ポートフォリオを $x = (x_1, x_2, x_3)^T$ とすれば，ポートフォリオ x の期待収益率 $E[R_x]$ は

$$E[R_x] = x_1 + 2x_2 + 3x_3$$

であり，その分散 $\sigma^2(R_x)$ は

$$\sigma^2(R_x) = x_1^2 + 2x_2^2 + 3x_3^2$$

である．効率的ポートフォリオを求める平均＝分散モデルは二次計画問題として次のように定式化される．

$$\min_x \ \frac{1}{2} \left(x_1^2 + 2x_2^2 + 3x_3^2 \right) \tag{3.25}$$

制約条件：
$$\begin{vmatrix} x_1 + 2x_2 + 3x_3 = E[R] \\ x_1 + x_2 + x_3 = 1 \end{vmatrix} \tag{3.26}$$

ラグランジュ関数 $L = (x, \lambda_1, \lambda_2)$ は

$$L(x, \lambda_1, \lambda_2) = \frac{1}{2} \left(x_1^2 + 2x_2^2 + 3x_3^2 \right) + \lambda_1 (E[R] - x_1 - 2x_2 - 3x_3) \\ + \lambda_2 (1 - x_1 - x_2 - x_3)$$

となるので，$x = (x_1, x_2, x_3)^T$ が二次計画問題の最適解となる条件は次式で与

えられる.

$$\frac{\partial L}{\partial x_1} = x_1 - \lambda_1 - \lambda_2 = 0 \tag{3.27}$$

$$\frac{\partial L}{\partial x_2} = 2x_2 - 2\lambda_1 - \lambda_2 = 0 \tag{3.28}$$

$$\frac{\partial L}{\partial x_3} = 3x_3 - 3\lambda_1 - \lambda_2 = 0 \tag{3.29}$$

$$\frac{\partial L}{\partial \lambda_1} = E[R] - x_1 - 2x_2 - 3x_3 = 0 \tag{3.30}$$

$$\frac{\partial L}{\partial \lambda_2} = 1 - x_1 - x_2 - x_3 = 0 \tag{3.31}$$

(3.27) 式, (3.28) 式および (3.29) 式の和をとれば

$$x_1 + 2x_2 + 3x_3 = 6\lambda_1 + 3\lambda_2$$

となるので, これに (3.30) 式を適用して

$$6\lambda_1 + 3\lambda_2 = E[R] \tag{3.32}$$

を得る. (3.27) 式, (3.28) 式および (3.29) 式を (3.31) 式に代入すれば

$$3\lambda_1 + \frac{11}{6}\lambda_2 = 1 \tag{3.33}$$

を得る. (3.32) 式と (3.33) 式を連立して解けば

$$\lambda_1 = \frac{11}{12}E[R] - \frac{3}{2}, \quad \lambda_2 = 3 - \frac{3}{2}E[R]$$

を得るので, これを (3.27) 式, (3.28) 式および (3.29) 式に代入して分散を最小にする効率的ポートフォリオ $x^* = (x_1^*, x_2^*, x_3^*)^T$ を求めれば

$$x_1^* = \lambda_1 + \lambda_2 = \frac{3}{2} - \frac{7}{2}E[R]$$
$$x_2^* = \lambda_1 + \frac{\lambda_2}{2} = \frac{1}{6}E[R] \tag{3.34}$$
$$x_3^* = \lambda_1 + \frac{\lambda_3}{3} = \frac{5}{12}E[R] - \frac{1}{2}$$

となる．したがって，このときの最小の分散 $\sigma^2 = \sigma^2(R_x)$ は

$$\sigma^2(R_{x^*}) = (x_1^*)^2 + 2(x_2^*)^2 + 3(x_3^*)^2 = 3 - 3E[R] + \frac{11}{12}\left(E[R]\right)^2 \quad (3.35)$$

となる．これより (3.24) 式のような双曲線

$$\frac{\sigma^2(R)}{6/11} - \frac{(E[R] - 18/11)^2}{12/11^2} = 1 \quad (3.36)$$

を得る．この双曲線を $(\sigma(R), E[R])$ 平面上で描けば図 3.8 となる．実線の太い

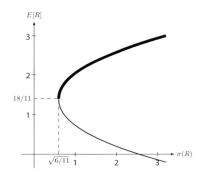

図 3.8　$n = 3$ のときの効率的フロンティア

上側半分が効率的フロンティアである．$(E[R], \sigma^2(R))$ 平面上では (3.35) 式は放物線を与えている．

投資家の効用関数 $u(\cdot)$ が 2 次式で表わされ，ポートフォリオ収益の上で定義され，投資家がリスク回避的ならば平均＝分散モデルと期待効用最大化問題とは整合的であることを示そう．2 次効用関数 $u(R)$ を

$$u(R) = aR + \frac{b}{2}R^2, \quad a > 0, \quad b < 0, \quad R < -\frac{a}{b}$$

とすれば，$u''(R) = b < 0$ であるので，投資家はリスク回避的である．また $R < -a/b$ の範囲で $u'(R) = a + bR > 0$ となるので単調増加である．期待値

$E[u(R)]$ は

$$E[u(R)] = aE[R] + \frac{b}{2}E[R^2]$$
$$= aE[R] + \frac{b}{2}\{\sigma^2(R) + (E[R])^2\} \tag{3.37}$$

となり，期待効用がポートフォリオ収益 R の期待値と分散だけで完全に記述されることを示している．また期待効用を期待収益と標準偏差で偏微分すれば

$$\frac{\partial E[u(R)]}{\partial E[R]} = a + bE[R] > 0, \quad \frac{\partial E[u(R)]}{\partial \sigma(R)} = b\sigma(R) < 0 \tag{3.38}$$

となって，期待収益の増加は期待効用を高くし，標準偏差の増加は期待効用を減少させることがわかる．

　次に，ポートフォリオ収益 R が正規分布に従う場合について考えよう．期待収益を $E[R] = \mu$，分散を $\sigma^2(R) = \sigma^2$ とすれば，R の確率密度関数は

$$f(r) = \frac{1}{\sqrt{2\pi}\sigma}e^{-(r-\mu)^2/2\sigma^2}$$

である．変数変換するために $z = (r - \mu)/\sigma$ とおけば，$r = \sigma z + \mu$, $dz = \frac{dr}{\sigma}$ より

$$E[u(R)] = \int_{-\infty}^{\infty} u(r)f(r)dr = \int_{-\infty}^{\infty} u(\sigma z + \mu)\frac{1}{\sqrt{2\pi}}e^{-z^2/2}dz$$
$$= \int_{-\infty}^{\infty} u(\sigma z + \mu)\phi(z)dz \tag{3.39}$$

となる．ここで $\phi(\cdot)$ は平均 0，分散 1 の標準正規分布に従う確率密度関数である．(3.39) 式を期待収益 μ で偏微分すれば

$$\frac{\partial E[u(R)]}{\partial \mu} = \int_{-\infty}^{\infty} u'(\sigma z + \mu)\phi(z)dz > 0 \tag{3.40}$$

を得る．$u(\cdot)$ は増加関数であるので，$u'(\cdot) > 0$ となって，期待効用は期待収益

μ の増加関数である．同様に，標準偏差 σ で偏微分すると，

$$
\begin{aligned}
\frac{\partial E[u(R)]}{\partial \sigma} &= \int_{-\infty}^{\infty} u'(\sigma z + \mu) \cdot z \phi(z)\, dz \\
&= \int_{-\infty}^{\infty} u'(\sigma z + \mu)(-z\phi(z)) dz \quad \text{（部分積分を適用して）} \\
&= \sigma \int_{-\infty}^{\infty} u''(\sigma z + \mu)\phi(z) dz < 0
\end{aligned}
\tag{3.41}
$$

を得る．ここで標準正規分布に対して $\phi'(z) = -z\phi(z)$ の性質を 2 番目の等式を得るのに用いた．投資家がリスク回避的ならば $u''(\cdot) < 0$ であるので，リスク尺度の σ に関して期待効用は減少関数である．結論として，投資家がリスク回避的であって，ポートフォリオ収益が正規分布に従うならば平均＝分散モデルと期待効用最大化問題とは整合的である．

　以上をまとめると，効用関数を 2 次関数とするかまたは収益の確率分布を正規分布とするかのいずれか一方を仮定すれば，マルコビッツの平均＝分散モデルは期待効用最大化と同じ結論を導くことになる．

3.3.2　効率的フロンティアのいくつかの性質

　期待収益 $E[R]$ が与えられたとき，分散を最小にする効率的ポートフォリオは (3.22) 式で与えられることを示した．(3.22) 式より g は期待収益 $E[R]$ が 0 のときの効率的ポートフォリオであり，$g + h$ は期待収益 $E[R] = 1$ のときの効率的ポートフォリオである．このことから次の性質を得る．

性質 1 (3.22) 式で与えられる g および $g + h$ もまた効率的ポートフォリオである．

性質 2 任意の 2 つのポートフォリオによって効率的フロンティアを張る（達成する）ことができる．

証明　(3.22) 式において $w_h = V^{-1}E[R]/A$，$w_g = V^{-1}\mathbf{1}/C$ とすれば，(3.22) 式は

$$
x^* = \frac{CE[R] - A}{D} A w_h + \frac{B - AE[R]}{D} C w_g
\tag{3.42}
$$

と書き直すことができる．明らかに

$$\mathbf{1}w_h = \frac{\mathbf{1}^T V^{-1}\mathbf{1}}{A} = 1, \quad \mathbf{1}w_g = \frac{\mathbf{1}V^{-1}\mathbf{1}}{C} = 1 \tag{3.43}$$

となるので，w_h と w_g もまたポートフォリオである．w_h は，(3.22) 式において $E[R] = B/C$ としたときの効率的ポートフォリオであり，w_g は $E[R] = A/C$ としたときの最小分散ポートフォリオ，すなわち，効率的ポートフォリオである．(3.42) 式において右辺の w_h と w_g の係数の和をとれば

$$\frac{(CE[R] - A)A}{D} + \frac{(B - AE[R])C}{D} = \frac{BC - A^2}{D} = 1$$

となる．$E[R]$ を任意に与えるならば，任意の実数 u に対して (3.42) 式は

$$x^* = uw_h + (1 - u)w_g \tag{3.44}$$

と書くことができる．w_h と w_g はともに効率的ポートフォリオであったので，効率的ポートフォリオ x^* は 2 つの効率的ポートフォリオの一次結合として表現できることを意味している．

任意の 2 つの異なる効率的ポートフォリオを x_P^*, x_Q^* とすれば，(3.44) 式よりそれぞれ任意の u_P, u_Q に対して

$$x_P^* = u_P w_h + (1 - u_P)w_g$$
$$x_Q^* = u_Q w_h + (1 - u_Q)w_g$$

と書くことができる．この 2 つの式を w_h と w_g について解けば

$$w_h = \frac{(1 - u_Q)x_P^* - (1 - u_P)x_Q^*}{u_P - u_Q}, \quad w_g = \frac{u_Q x_P^* - u_P x_Q^*}{u_Q - u_P}$$

を得る．これを (3.44) 式に代入すれば

$$x^* = \left(\frac{u - u_Q}{u_P - u_Q}\right)x_P^* + \left(\frac{u_P - u}{u_P - u_Q}\right)x_Q^* \tag{3.45}$$

となる．右辺の係数の和は 1 であるから，2 つの効率的ポートフォリオの一次結合がまた効率的ポートフォリオとなることを示している． $\square$

この性質 2 は，効率的フロンティア上の任意のポートフォリオの一次結合はまた効率的フロンティア上の効率的ポートフォリオとなることを語っている．

有価証券（または金融資産）のみを保有する目的で設立された投資信託会社が n 種類の株式に投資する資金を調達するために株式を発行するとしたとき，この投資信託会社の発行株式の価値は，保有する n 種類の有価証券の価値の総額に等しい．性質 2 より，任意の効率的ポートフォリオは 2 種類の信託基金によって複製することができることを教えてくれる．すなわち，任意の効率的ポートフォリオは 2 つの信託基金に分離できると主張している．この事実を **2 基金分離の定理** (two fund separation theorem) と呼ぶ．

性質 3 任意のポートフォリオ x と最小分散ポートフォリオを比率 $(\alpha, 1-\alpha)$ で保有するポートフォリオの共分散は最小分散ポートフォリオの分散に等しい．

証明 最小分散ポートフォリオの収益率を R_{mvp} とする．ポートフォリオ x と最小分散ポートフォリオを比率 $(\alpha, 1-\alpha)$ で保有するポートフォリオの収益は $\alpha R_x + (1-\alpha) R_{mvp}$ であるから，これの分散は

$$\alpha^2 \sigma^2(R_x) + 2\alpha(1-\alpha)Cov(R_x, R_{mvp}) + (1-\alpha)^2 \sigma^2(R_{mvp})$$

である．この分散を最小にするものを求めるために，α が満たすべき必要十分条件は，上式を α に関して微分して，その導関数を 0 とおいた値である．

$$\alpha \sigma^2(R_x) + (1-2\alpha)Cov(R_x, R_{mvp}) - (1-\alpha)\sigma^2(R_{mvp}) = 0$$

このとき，最小分散ポートフォリオは $\alpha = 0$ でなければならない．ゆえに $\alpha = 0$ に対して

$$Cov(R_x, R_{mvp}) = \sigma^2(R_{mvp})$$

となる． □

リスクとしての最小分散 $1/C$ を達成するポートフォリオの期待収益は $E[R] = A/C$ である．この性質は，$E[R] = A/C$ を達成する最小分散ポートフォリオは，$\alpha = 0$ で達成されると主張している．

第3章 ポートフォリオ理論

性質 4 任意の 2 つの効率的ポートフォリオ P と Q に対して，それぞれの収益率を R_P，R_Q とすれば，2 つの収益率の共分散と期待収益率には次の関係が成立する．

$$Cov(R_P, R_Q) = \frac{CE[R_P]E[R_Q] - A(E[R_P] + E[R_Q]) + B}{D} \qquad (3.46)$$

ここで，A，B，C はそれぞれ (3.21) 式で定義した値である．

証明 (3.22) 式より期待収益率 $E[R_P]$ と $E[R_Q]$ を達成するような効率的ポートフォリオ $R = x_P R_P + x_Q R_Q$ への投資比率はそれぞれ

$$x_P = \frac{CE[R_P] - A}{D} V^{-1}E[R] + \frac{B - E[R_P]A}{D} V^{-1}\mathbf{1}$$

$$x_Q = \frac{CE[R_Q] - A}{D} V^{-1}E[R] + \frac{B - E[R_Q]A}{D} V^{-1}\mathbf{1}$$

となる．各ポートフォリオ収益は $R_P = x_P^T R$，$R_Q = x_Q^T R$ である．したがって，共分散は

$$\begin{aligned}
Cov(R_P, R_Q) &= E[(R_P - E[R_P])(R_Q - E[R_Q])] \\
&= E[x_P^T(R - E[R])(x_Q^T(R - E[R])] \\
&= x_P^T E[(R - E[R])(R - E[R])]x_Q \\
&= x_P^T V x_Q
\end{aligned}$$

となる．$B = E[R]^T V^{-1}E[R]$，$A = E[R]^T V^{-1}\mathbf{1}$，$C = \mathbf{1}^T V^{-1}\mathbf{1}$ および $D = BC - A^2$ を用いれば (3.46) 式を得る． $\square$

性質 4 において効率的ポートフォリオ Q を最小分散ポートフォリオとすれば

$$Cov(R_P, R_{mvp}) = \frac{1}{D} \frac{BC - A^2}{C} = \frac{1}{C} = \sigma^2(R_{mvp})$$

となるので，性質 3 に退化することがわかる．すなわち，最小分散ポートフォリオと効率的ポートフォリオの共分散は，最小分散ポートフォリオの分散と同一であることを意味している．

性質 5 $(\sigma(R), E[R])$ 平面上の効率的フロンティアの中で任意の効率的ポートフォリオに対して，接線を引いた**接線ポートフォリオ** P を考えよう．この接線

61

ポートフォリオを与える接線が $E[R]$ 軸と交わる期待収益を特定化でき，この接点 P と $E[R]$ 軸の交点 $E[R_Q]$ が作るポートフォリオの共分散は単に 0 である．

証明 効率的フロンティア上の任意のポートフォリオ P（図 3.9 参照）での接線が $E[R]$ 軸と交わる期待収益を $E[R_Q]$ としたとき，この $E[R_Q]$ を達成する双曲線上のポートフォリオ Q の標準偏差を σ_Q とする．(3.24) 式の双曲線を $\sigma(R)$

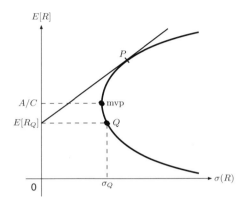

図 3.9 接線ポートフォリオ

に関して全微分すれば

$$2\sigma(R_P)d\sigma(R) = \frac{2C}{D}E[R]dE[R] - \frac{2A}{D}dE[R]$$
$$= \frac{2}{D}(CE[R] - A)dE[R]$$

となるから

$$\frac{dE[R]}{d\sigma(R)} = \frac{D}{CE[R_P] - A}\sigma(R_P)$$

を得る．ポートフォリオ P における接線方程式は

$$E[R] - E[R_P] = \frac{D\sigma(R_P)}{CE[R_P] - A}(\sigma(R) - \sigma(R_P))$$

となる．この式の $E[R]$ 軸の交点は期待収益 $E[R_Q]$ に等しいから

$$E[R_Q] = E[R_P] - \frac{D\sigma^2(R_P)}{CE[R_P] - A}$$

を得る. (3.23) 式を用いて上式より $\sigma^2(R_P)$ を消去すれば

$$
\begin{aligned}
E[R_Q] &= E[R_P] - \frac{D}{CE[R_P] - A} \cdot \frac{CE^2(R_P) - 2AE[R_P] + B}{D} \\
&= \frac{AE[R_P] - B}{CE[R_P] - A}
\end{aligned}
\tag{3.47}
$$

となる. ポートフォリオ P と Q の収益率の共分散は性質 4 を用いて

$$
\begin{aligned}
Cov(R_P, R_Q) &= \frac{CE[R_P]E[R_Q] - A(E[R_P] + E[R_Q]) + B}{D} \\
&= \frac{1}{D}\Bigg[CE[R_P]\left(\frac{AE[R_P] - B}{CE[R_P] - A} \right) \\
&\qquad\qquad - A\left(E[R_P] + \frac{AE[R_P] - B}{CE[R_P] - A} \right) + B \Bigg] = 0
\end{aligned}
$$

となる. □

　図 3.9 からも明らかのように接線ポートフォリオ P が $E[R]$ 軸と交わる点 $E[R_Q]$ は A/C より下側にある. なぜならば, A/C は双曲線の頂点である最小分散ポートフォリオ mvp の期待収益であるからである. 接点 P を限りなく頂点 mvp に近付ければ接線の傾きは限りなく大きくなり $E[R]$ 軸との交点をもたない. このことは, mvp に対する $E[R]$ を達成するポートフォリオ Q は存在しないことを意味する. このような接線ポートフォリオが $E[R]$ 軸と交わる期待収益 $E[R_Q]$ を与える双曲線上のポートフォリオ Q を**ゼロベータ・ポートフォリオ** (zero-beta portfolio) と呼ぶ. mvp 以上の効率的フロンティア上の接線ポートフォリオは常にゼロベータ・ポートフォリオを特定化することができ, 2 つのポートフォリオ収益の共分散は 0 であると性質 5 は教えている.

性質 6 効率的ポートフォリオの一次結合はまた効率的ポートフォリオである. さらに, 効率的ポートフォリオの集合は凸集合である.

証明 α_i $(i = 1, 2, \cdots, m)$ を $\sum_{i=1}^{m} \alpha_i = 1$ を満たす実数とする. x^i $(i = 1, 2, \cdots, m)$ を効率的ポートフォリオとし, それぞれの期待収益を $E[R^i]$ とす

る．効率的ポートフォリオの (3.22) 式より

$$\sum_{i=1}^{m} \alpha_i x^i = \sum_{i=1}^{m} \alpha_i (g + hE[R^i]) = g + h\sum_{i=1}^{m} \alpha_i E[R^i]$$

を得る．$x \equiv \sum_{i=1}^{m} \alpha_i x^i$，$E[R] \equiv \sum_{i=1}^{m} \alpha_i E[R^i]$ とおけば，x は期待収益 $E[R]$ をもつポートフォリオでかつ

$$x = g + hE[R]$$

と書けるので，x は期待収益が $E[R]$ に等しい効率的ポートフォリオである．x^i が効率的ポートフォリオとすれば明らかに $E[R^i] \geq A/C$ である（図 3.7，図 3.8 を参照）．すべての i について $\alpha_i \geq 0$ でかつ $\sum_{i=1}^{m} \alpha_i = 1$ とすれば，$x = \sum_{i=1}^{m} \alpha_i x^i$ は凸一次結合となり，イエンセンの不等式より，その期待収益は

$$\sum_{i=1}^{m} \alpha_i E[R^i] \geq \sum_{i=1}^{m} \alpha_i \frac{A}{C} = \frac{A}{C}$$

となって，効率的ポートフォリオの凸一次結合もまた効率的ポートフォリオとなる．これは効率的ポートフォリオの集合が凸集合であることを示している．　□

　性質 5，6 から効率的ポートフォリオの集合において最小分散ポートフォリオ mpv 以外の任意の効率的ポートフォリオおよび効率的ポートフォリオの一次結合によって生成されたポートフォリオはゼロベータ・ポートフォリオをもち，それは一意である．このゼロベータ・ポートフォリオと効率的ポートフォリオの共分散は 0 であるから，両者の相関係数が 0 となる．ゼロベータ・ポートフォリオは効率的ポートフォリオの一次結合で生成することができることを教えている．任意の効率的ポートフォリオとそれによって与えられるゼロベータ・ポートフォリオを用いることによって，効率的ポートフォリオばかりでなく，すべての有価証券の期待収益（率）を線形式で表現することが可能であることを次の性質で述べよう．

性質 7 任意の効率的ポートフォリオ P に対してゼロベータ・ポートフォリオを Q とする．効率的フロンティア上にない任意の有価証券 j を選んで，その収益を R_j とする．各証券の収益，期待収益および分散共分散について次式が成立する．

$$E[R_j] = E[R_Q] + \beta_j^P (E[R_P] - E[R_Q])$$

ただし

$$\beta_j^P \equiv \frac{Cov(R_j, R_P)}{\sigma^2(R_P)}$$

である.

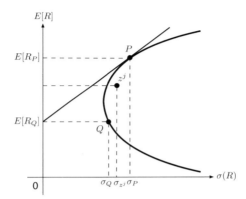

図 3.10 接線ポートフォリオと非効率的ポートフォリオ

証明 最小分散ポートフォリオの期待収益 A/C 以外の任意の非効率的ポートフォリオを Z とする.任意の非効率的ポートフォリオを $z = (z_1, z_2, \cdots, z_j, \cdots, z_J)^T$ とし,j 番目の証券に集中投資したポートフォリオを $z^j = (0, \cdots, 0, 1^j, \cdots, 0)^T$ とする.効率的ポートフォリオ P と非効率的ポートフォリオ Z の収益の共分散は

$$Cov(R_P, R_Z) = x_P^T V z$$

である.効率的ポートフォリオは (3.23) 式より

$$x_P^T = \frac{CE[R_P] - A}{D} V^{-1} E[R_Z] + \frac{B - E[R_P]A}{D} V^{-1} \mathbf{1}$$

であるので,P と Z の共分散を計算すると

$$Cov(R_P, R_Z) = \frac{CE[R_P] - A}{D} E[R_Z] V^{-1} V z + \frac{B - E[R_P]A}{D} \mathbf{1}^T V z$$

$$= \frac{CE[R_P] - A}{D} E[R_Z] + \frac{B - E[R_P]A}{D} \qquad (3.48)$$

となって，これを $E[R_Z]$ について整理すると

$$E[R_Z] = \frac{D}{CE[R_P] - A} \, Cov(R_P, R_Z) + \frac{AE[R_P] - B}{CE[R_P] - A} \qquad (3.49)$$

となる．ここで，$E[R_Z] = E[R]^T z$ である．ゼロベータ・ポートフォリオ Q に対して性質 5 の証明で用いた (3.47) 式の上段より

$$E[R_Q] = E[R_P] - \frac{D\sigma^2(R_P)}{CE[R_P] - A} = \frac{AE[R_P] - B}{CE[R_P] - A} \qquad (3.50)$$

となるので，これを書き直して

$$\frac{D}{CE[R_P] - A} = \frac{E[R_P] - E[R_Z]}{\sigma^2(R_P)} \qquad (3.51)$$

となる．(3.49) 式と (3.50) 式を (3.48) 式に代入して整理すれば

$$E[R_Z] = E[R_Q] + \beta_Z^Q(E[R_P] - E[R_Q])$$

を得る．ここで

$$\beta_Z^Q \equiv \frac{Cov(R_P, R_Z)}{\sigma^2(R_P)}$$

である．任意の非効率的ポートフォリオ Z に対する証明は j 番目の証券に集中投資する特殊なポートフォリオに対する証明とみなせばよい．□

効率的フロンティア上の**接点ポートフォリオ** (tangent portfolio) P の傾き（図 3.10 を参照）を $S(P)$ とすれば

$$S(P) = \frac{E[R_P] - E[R_Q]}{\sigma_P} \qquad (3.52)$$

となる．$S(P)$ は接点ポートフォリオの期待収益がゼロベータ・ポートフォリオの期待収益の超過分に対して接点ポートフォリオの標準偏差 1 単位あたりの値を示した指標で，この指標を**シャープ比率** (Sharpe ratio) と呼んでいる．この指標は信託基金の投資運用に係る評価の尺度としてシャープ (Sharpe, 1966) が提唱した尺度である．効率的フロンティア上のポートフォリオ P と非効率的ポー

トフォリオ Z との相関係数 ρ_{PZ} は (3.48) 式より

$$
\begin{aligned}
\rho_{PZ} &= \frac{Cov(R_P, R_Z)}{\sigma_P \sigma_Z} \\
&= \frac{1}{\sigma_P \sigma_Z} \left(\frac{CE[R_P] - A}{D} E[R_Z] + \frac{B - E[R_P]A}{D} \right) \\
&= \frac{1}{\sigma_P \sigma_Z} \left[\frac{\sigma_P}{S(P)} (S(Q)\sigma_Z + E[R_Q]) + \frac{\sigma_P}{S(P)} \left(\frac{B - E[R_P]A}{CE[R_P] - A} \right) \right] \\
&= \frac{1}{S(P)\sigma_Z} \left[S(Z)\sigma_Z + E[R_Q] - \frac{AE[R_P] - B}{CE[R_P] - A} \right] \\
&= \frac{S(Z)}{S(P)}
\end{aligned}
\tag{3.53}
$$

となる．効率的ポートフォリオと非効率的ポートフォリオとの相関係数は，それぞれのシャープ比率の比として求めることができることを示している．

3.3.3 無リスク証券を含むポートフォリオ

この節では 0 番目の証券として無リスク証券を導入し，無リスク証券を組み込んだポートフォリオを考える．(3.12) 式と (3.13) 式で定式化された平均＝分散モデルにおいてポートフォリオ制約式 $\sum_i x_i = 1$ を除去することによって，リスク証券の収益（率）については超過収益（率）の形で表現されることを示そう．無リスク証券 0 と n 種類のリスク証券 i $(i = 1, 2, \cdots, n)$ によってポートフォリオを構成するので，制約式

$$
\sum_{i=0}^{n} x_i = 1
$$

は，$x_0 = 1 - \sum_{i=1}^{n} x_i$ と書き改められる．無リスク証券の収益率を r_0 とし，リスク証券の期待収益率を $\mu_i (i = 1, 2, \cdots, n)$ とする．ポートフォリオ

$x = (x_0, x_1, \cdots, x_n)^T$ の収益 R_x は

$$R_x = x_0 r_0 + \sum_{i=1}^n R_i x_i = \left(1 - \sum_{i=1}^n x_i\right) r_0 + \sum_{i=1}^n R_i x_i$$

$$= r_0 + \sum_{i=1}^n (R_i - r_0) x_i$$

となるので，期待収益 $E[R_x]$ は

$$E[R_x] = r_0 + E\left[\sum_{i=1}^n (R_i - r_0) x_i\right] = r_0 + \sum_{i=1}^n (\mu_i - r_0) x_i \tag{3.54}$$

となり，ポートフォリオ収益の分散 $\sigma^2(R_x)$ は

$$\sigma^2(R_x) = Var\left(r_0 + \sum_{i=1}^n (R_i - r_0) x_i\right) = Var\left(\sum_{i=1}^n R_i x_i\right) = \sum_{i=1}^n \sum_{j=1}^n x_i x_j \sigma_{ij} \tag{3.55}$$

となり，無リスク証券を含まないポートフォリオ収益の分散である (3.12) 式と同一である．ポートフォリオ収益 $E[R]$ を所与としたときの平均＝分散モデルは次のように二次計画問題として定式化される．

$$\min_x \frac{1}{2} \sum_{i=1}^n \sum_{j=1}^n x_i x_j \sigma_{ij} \tag{3.56}$$

制約条件：

$$\sum_{i=1}^n (\mu_i - r_0) x_i = E[R] - r_0 \tag{3.57}$$

ここでは，ポートフォリオの制約式 $\sum_{i=0}^n x_i = 1$ を既に使用したので制約条件から除去してよい．ベクトル $x = (x_1, x_2, \cdots, x_n)^T$ とすれば，上述の定式化をベクトル形式で表現すれば

$$\min_x \frac{1}{2} x^T V x \tag{3.58}$$

制約条件：

$$(\mu - r_0 \mathbf{1})^T x = E[R] - r_0 \tag{3.59}$$

となる．(3.12) 式，(3.13) 式と同様にラグランジュ乗数 λ を導入すれば，ラグランジュ関数

$$L(x, \lambda) = \frac{1}{2} x^T V x + \lambda (E[R] - r_0 - (\mu - r_0\mathbf{1})^T x)$$

を得る．上式をベクトル x で偏微分すれば，最適なポートフォリオ x が満たすべき必要十分条件は次の通りである．

$$V x = \lambda (\mu - r_0 \mathbf{1}) \tag{3.60}$$

$$(\mu - r_0 \mathbf{1})^T x = E[R] - r_0 \tag{3.61}$$

この式を連立して解いて，λ と最適解 x^* を求めればよい．(3.60) 式より

$$x^* = \lambda V^{-1} (\mu - r_0 \mathbf{1}) \tag{3.62}$$

を得るので，これを (3.61) 式に代入すれば

$$\lambda = \frac{E[R] - r_0}{(\mu - r_0 \mathbf{1})^T V^{-1} (\mu - r_0 \mathbf{1})} = \frac{E[R] - r_0}{F} \tag{3.63}$$

となる．ただし，$F = (\mu - r_0 \mathbf{1})^T V^{-1} (\mu - r_0 \mathbf{1})$ である．この λ を (3.62) 式に代入して最適ポートフォリオ x^*

$$x^* = V^{-1} (\mu - r_0 \mathbf{1}) \frac{E[R] - r_0}{F}$$

$$x_0^* = 1 - \sum_{i=1}^n x_i^* = 1 - \mathbf{1}^T x^* \tag{3.64}$$

を得る．(3.64) 式を (3.56) 式（または (3.58) 式）に代入して，最適ポートフォリオ x^* に対応する最小の分散は

$$
\begin{aligned}
\sigma^2(R_{x^*}) &= x^{*T} V x^* \\
&= \frac{E[R] - r_0}{F} (\mu - r_0 \mathbf{1})^T V^{-1} \frac{(\mu - r_0 \mathbf{1})}{F} (E[R] - r_0) \\
&= \frac{(E[R] - r_0)^2}{F}
\end{aligned}
$$

となる．$(\sigma^2(R), E[R])$ 平面では放物線となっている．$(\sigma(R), E[R])$ 平面では $E[R]$ 軸上の切片を r_0 とした傾き $\pm\sqrt{F}$ の半直線になっている（図 3.11 参照）．すなわち

$$E[R] - r_0 = \begin{cases} \sqrt{F}\sigma(R), & E[R] \geq r_0 \\ -\sqrt{F}\sigma(R), & E[R] < r_0 \end{cases} \tag{3.65}$$

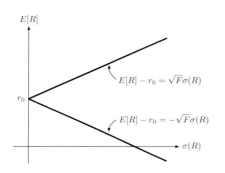

図 3.11　$(\sigma(R), E[R])$ 平面上の最小分散ポートフォリオ

リスク証券のみからなるポートフォリオと同様に効率的ポートフォリオとは，図 3.5 の点 $(0, r_0)$ を切片とした傾き $\pm\sqrt{F}$ をもつ半直線からなる．$\sigma(R) = 0$，すなわち，リスクゼロのとき $E[R] = r_0$ となってる．

図 3.11 のように無リスク証券を含む効率的ポートフォリオと図 3.7 にあるリスク証券のみからなる効率的ポートフォリオとを組合せたとき，どのような議論が成り立つであろうか．(3.24) 式でみたようにリスク証券のみからなるポートフォリオの効率的フロンティアは $(\sigma(R), E[R])$ 平面上で双曲線であり，無リスク証券を含むポートフォリオの効率的フロンティアは半直線である．この 2 つの効率的フロンティアである双曲線と半直線を接する形で重ね合わせてみれば図 3.12 と図 3.13 の 2 つの場合の図を描くことができる．A/C は最小分散ポートフォリオに対応する期待収益（値として確定的であるので無リスク）である．$r_0 < A/C$ のとき上側の半直線 $E[R] - r_0 = \sqrt{F}\sigma(R)$ と接点 x^* で接する．$r_0 > A/C$ のときは，下側の半直線 $E[R] - r_0 = -\sqrt{F}\sigma(R)$ と接することがわかる．したがって，図 3.12 のようにリスク証券からなる効率的ポートフォリオと r_0 からの半直線とが接点 x^* をもつためには $r_0 < A/C$ でなければならない．

第3章 ポートフォリオ理論

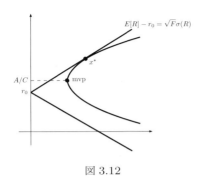

図 3.12

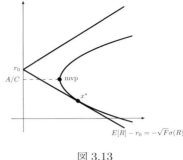

図 3.13

特に，$r_0 = A/C$ のときは

$$F = B - 2Ar_0 + Cr_0^2 = B - 2A\frac{A}{C} + C\left(\frac{A}{C}\right)^2$$
$$= \frac{BC - A^2}{C} = \frac{D}{C} > 0$$

となって，半直線 $E[R] = A/C \pm \sqrt{D/C}\sigma(R)$ は 3.3 節のリスク証券のみからなる効率的フロンティアが作る双曲線に対応する漸近線となっている．図 3.11 に描かれている半直線 $E[R] = r_0 \pm \sqrt{F}\,\sigma(R)$ は $r_0 = A/C$ のときリスク証券のみからなる効率的フロンティアとは有限の値に対して接点をもたない．$r_0 = A/C$ のとき最適ポートフォリオ x^* は (3.64) 式より

$$\mathbf{1}^T x^* = \mathbf{1}^T V^{-1}(\mu - r_0\mathbf{1})\frac{E[R] - r_0}{F}$$
$$= \left(A - \frac{A}{C}\cdot C\right)\left(\frac{E[R] - r_0}{F}\right) = 0 \tag{3.66}$$

となるので，$x_0^* = 1 - \mathbf{1}^T x^* = 1$ となって，最適なポートフォリオは無リスク証券に集中投資することである．リスク証券への投資比率を表すポートフォリオはこのとき $x^* = 0$ すなわち，$\sum_{i=1}^n x_i^* = 0$ であるから自己資産 0 でポートフォリオを形成するという意味で**裁定ポートフォリオ**を保有することを意味する．換言すれば，切片 r_0 をもつ 3.3 節のような接点ポートフォリオは存在しない．すなわち，すべての有価証券からなる効率的フロンティアは無リスク証券と

リスク証券の効率的フロンティア上のポートフォリオによって生成できない.

　無リスク証券が存在しない場合,効率的ポートフォリオが任意の2つの異なる効率的ポートフォリオによって生成できること,また無リスク証券が存在する場合には $r_0 = A/C$ 以外ではリスク証券のみからなるポートフォリオと無リスク証券によって効率的ポートフォリオが生成することができることを示した.2基金分離が成立し,その基金の1つが無リスク証券である.以上の議論をまとめると次の命題を得る.

命題 3.1 無リスク証券とリスク証券からなるポートフォリオにおいて,$(\sigma(R), E[R])$ 平面上の効率的フロンティアは r_0 を切片とする2本の半直線になる.$A = \mathbf{1}^T V^{-1} \mu, C \equiv \mathbf{1}^T V^{-1} \mathbf{1}$ としたとき $r_0 \neq A/C$ ならば接点ポートフォリオと無リスク証券からなるポートフォリオはまた効率的ポートフォリオになる.$r_0 = A/C$ のとき,無リスク証券と裁定ポートフォリオ $(\sum_{i=1}^{n} x_i^* = 0)$ とを組合せたポートフォリオは効率的フロンティア上に生成できるが,しかし,無リスク証券と接点ポートフォリオとの組合せで効率的フロンティア上のポートフォリオを生成することはできない.

　この命題より接点ポートフォリオが存在する場合,任意の効率的ポートフォリオは接点ポートフォリオと無リスク証券の一次結合で表現できるので,効率的ポートフォリオと接点ポートフォリオは完全相関の関係にある.無リスク証券の収益率が確定値であるので効率的ポートフォリオの収益によって達成されるのである.任意の効率的ポートフォリオ P は,無リスク証券と接点ポートフォリオ T との一次結合で表現できるので,$\theta = (E[R_T] - E[R_P])/(E[R_T] - r_0)$ に対して

$$R_P = \theta r_0 + (1 - \theta) R_T$$

としよう.ここで,θ は $E[R_P] = E[R_T] + (r_0 - E[R_T])(E[R_T] - E[R_P])/(E[R_T] - r_0)$ となるように選んである.リスク証券 j とポートフォリオ P との共分散は

$$Cov(R_j, R_P) = (1 - \theta) Cov(R_j, R_T) \tag{3.67}$$

となり,接点ポートフォリオとの共分散に一致する.3.3節と同様の性質7のような個別のリスク証券の期待収益率と任意の効率的ポートフォリオの収益率と

の関係式を導くことは可能であろうか．次の命題 3.2 は無リスク証券がある場合で，性質 7 に対応する．

命題 3.2 無リスク証券があるとき，任意の効率的ポートフォリオを P とし，無リスク証券の収益率 r_0 と効率的ポートフォリオ P の収益率との間には次の関係が成立する．

$$E[R_j] = r_0 + \beta_j^P (E[R_P] - r_0) \tag{3.68}$$

ここで，R_j はリスク証券 j の収益率であり

$$\beta_j^P = \frac{Cov(R_j, R_P)}{\sigma^2(R_P)}$$

である．

証明 リスク証券 j のみからなるポートフォリオを $x^j = (0, \cdots, 1^j, \cdots, 0)^T$ とし，x_T を接点ポートフォリオとしたとき

$$Cov(R_j, R_P) = x^{j^T} V x_T$$

である．上式と (3.67) 式より

$$\sigma_j(R_P) = (1 - \theta)\sigma_j(R_T) \tag{3.69}$$

を得る．接点ポートフォリオは，(3.64) 式より

$$x_T = \frac{1}{A - r_0 C} V^{-1}(\mu - r_0 \mathbf{1})$$

であるので，これを (3.69) 式に代入して

$$\sigma_j(R_P) = \frac{1 - \theta}{A - r_0 C} (\mu - r_0 \mathbf{1}) \tag{3.70}$$

となる．これを μ について解けば

$$\mu - r_0 \mathbf{1} = \frac{A - r_0 C}{1 - \theta} \sigma_j(R_P) \tag{3.71}$$

を得る．一方，効率的ポートフォリオ P の収益率の分散は

$$\sigma^2(R_T) = x_T^T V x_T$$
$$= \frac{Cr_0^2 - 2Ar_0 + B}{(A - Cr_0)^2} = \frac{E[R_T] - r_0}{A - Cr_0}$$

であるから

$$\sigma^2(R_P) = (1 - \theta)^2 \sigma^2(R_T)$$
$$= (1 - \theta)^2 \frac{E[R_T] - r_0}{A - Cr_0}$$

となり，$A - Cr_0 = (1 - \theta)^2 (E[R_T] - r_0)/\sigma^2(R_P)$ を (3.71) 式に代入して

$$\mu - r_0 \mathbf{1} = \frac{(1 - \theta)(E[R_T] - r_0)}{\sigma^2(R_P)} \sigma_j(R_P)$$
$$= \frac{\sigma_j(R_P)}{\sigma^2(R_P)} (E[R_P] - r_0)$$

を得る．$\sigma_j(R_P)/\sigma^2(R_P)$ の j 番目の要素は $Cov(R_j, R_P)/\sigma^2(R_P)$ であるので (3.68) 式が導出された．　　　　　　　　　　　　　　　　　　　□

　命題 3.2 は，リスク証券の超過収益率は，効率的ポートフォリオの超過収益率に対して比例し，その係数はベータ係数 β_j^P であることを示している．後で述べる資本資産評価モデル (CAPM) における評価式が，平均＝分散モデルに依拠していることを示唆している．

3.4　その他のリスク尺度

　最後に，平均＝分散モデルの限界と問題点について述べておこう．また，リスク尺度として分散以外のリスク尺度（下方リスク，絶対偏差リスク，安全第一リスクなど）についてもこの節では説明する．

　平均＝分散モデルは，リスク尺度として分散または標準偏差を採用しており，理論的にも実務上でも幅広く使用されている．前述したように効用関数が 2 次関数であるかまたは収益の確率分布が正規分布ならば，平均＝分散モデルは期待効用最大化と整合的である．しかし，効用関数が 2 次関数とする仮定は強い制

74

約であり，収益の確率分布は必ずしも正規分布ではないとする実証研究も行われている．（例えば，池田 (2000)，田畑 (2004)，岩城 (2008))．

3.4.1 平均＝分散モデルの問題点

(1) 証券の数とともに共分散行列の逆行列の計算が困難になる．今日のグローバル化した資本市場の下で各証券の収益が為替を通して相互依存の関係を強めている．市場の動きを反映したポートフォリオを組成するために組み入れる証券の数を増やすと共分散とその逆行列の計算が煩雑かつ時間を消費するという実務上の問題である．

(2) 平均＝分散モデルは期待効用を最大化するように投資家は行動するという経済学の原則と一般的には整合性をもたない．この整合性を維持するためには効用関数を2次式とするか，または収益の確率分布は正規分布であるという強い仮定を設ける必要がある．この仮定は実証的に支持されがたい．

(3) 平均＝分散モデルのリスク尺度である分散（または標準偏差）は平均値（期待値）を上回る収益が実現した場合も，リスクとして認識する尺度となっている．多くの投資家にとって平均値を下回った場合をリスクとして認識することには同意するが，平均値を上回った場合はリスクとして認識しないのが普通である．分散はリスク尺度として投資家にとって不自然であるという問題である．

(4) リスクを確率変数とみなし，その確率分布が与えられたとき，平均＝分散モデルでは平均と分散という2次までのモーメントのみを使用し，それ以上の高次のモーメントを確率情報から無視している．もし収益が正規分布ならば，収益の不確実性の表現としての確率分布は2次のモーメントまでで完全に記述される．しかし，もし収益が正規分布に従わないならば，2つの証券またはポートフォリオの収益を比較するためにより高次のモーメントも含めて比較するか，または確率分布そのものを比較すべきである．後者の指摘はポートフォリオ収益の確率分布に関する確率優越 (stochastic dominance) の考え方に結びつく．

3.4.2 下方リスクモデル

投資家にとって，特に機関投資家にとって投資に伴うリスクは目標収益率や市場の平均的収益率を下回ることのリスクである場合が多い．目標収益率を年度またはある一定期間に達成することを運用担当者は期待されるのである．この目標収益率や日経平均などの市場の平均収益率などがベンチマークとして事前に設定され，ベンチマークを下回る運用実績，すなわち目標収益率を下回ることをリスクとして認識するのである．

$\bar{R}$ を目標収益率とし，ポートフォリオ P の収益 R_P を下回る量の期待値を**下方リスク**と呼ぶ．すなわち

$$E[(\tilde{R}_P - \bar{R})^-] = \begin{cases} 0, & \tilde{R}_P > \bar{R}のとき \\ \bar{R} - R_P, & \tilde{R}_P < \bar{R}のとき \end{cases} \tag{3.72}$$

を下方リスクと呼ぶ．収益 R_P の確率密度を $f_P(r)$ とすれば (3.72) 式を $\bar{R}$ の周りの k 次のモーメントまで拡張すれば

$$E\left[\{(R_P - \bar{R})^-\}^k\right] = \int_{-\infty}^{\bar{R}} (\bar{R} - r)^k f_P(r)\ dr \tag{3.73}$$

となる．$k = 1$ のとき下方リスクであり，$\bar{R} = E[R_P]$ としたとき $k = 2$ に対して $\bar{R} = E[R]$ ならば分散を表すリスク尺度となる．このリスク尺度を**半分散** (semi-variance) と呼ぶ．$k = 0$ とすれば目標収益率 $\bar{R}$ を下回る確率

$$P\{\tilde{R}_P < \bar{R}\} = \int_{-\infty}^{\bar{R}} f_P(r)\ dr \tag{3.74}$$

となり，これを**安全第一基準** (safety first rule) と呼ぶ．安全第一基準を拡張したリスク尺度が下方リスクとみなすことができる．下方リスクと安全第一基準のリスク尺度の特色は目標値を下回った場合をリスクとして認識することである．

3.4.3 バリューアットリスク

分散（または標準偏差）以外のリスク尺度としてバリューアットリスク（Value at Risk, VaR）がしばしば用いられる．資本市場における有価証券の価格変動に伴う保有ポートフォリオの富の変動を市場リスクとみなすリスク尺度として

VaR が提案された．ポートフォリオ $x = (x_1, \cdots, x_n)^T$ の収益 R_x（確率変数）の確率分布関数 $F(\cdot)$ とし，その密度関数を $f(\cdot)$ とする．ポートフォリオ x に対する目標収益を r_x^* としたとき，この r_x^* を下回る確率 P_x^* を

$$P_x^* = P\{R_x \leq r_x^*\} = F(r_x^*) = \int_{-\infty}^{r_x^*} f(r) \, dr \tag{3.75}$$

として定義する．確率 $(1 - P_x^*)$ はポートフォリオ x の下での目標収益 r_x^* を達成する信頼度を表す．ポートフォリオの評価期間の下で所与の確率 P_x^* に対してポートフォリオ x が損失を引き起こす収益の水準をバリューアットリスクと呼び，$\mathrm{VaR}(P_x^*)$ と表す．すなわち，R_x が $\mathrm{VaR}(P_x^*)$ よりも小さくなる確率 P_x^* は

$$P_x^* = P\{R_x < \mathrm{VaR}(P_x^*)\} \tag{3.76}$$

である．VaR は，決められた投資期間においてポートフォリオ収益が損失を発生する確率に対してその期待損失を表す分位点としてのリスク尺度である．VaR の利点としてポートフォリオの管理者が許容する損失確率が与えられたならば，この確率に対応する損失額を一意に定めてくれるリスク尺度であることである．

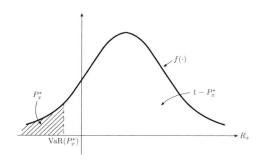

図 3.14 VaR の例

VaR の例をグラフとして図 3.14 に描いてあるが，図 3.14 では VaR はマイナスの値となっているのでこの場合は VaR はその絶対値で表す．VaR の短所として，まず第 1 に確率 P_x^* を特定する必要があり，P_x^* をどのように推定するかは投資家の主観的判断に任されていること，第 2 にこの P_x^* を推定するにあたりポートフォリオのリバランスをするたびに VaR を計算し直さなければならないこと，第 3 にポートフォリオごとに VaR を計算できたとしても複数のポートフォリオを所有している投資家（特に，機関投資家）にとって，ポートフォリオ全体の VaR はそれぞれのポートフォリオの VaR の単純な和でないことなどが考えられる．

3.5 ポートフォリオの運用評価

自己の資金を運用する個人投資家と顧客の委託を受けて資金を運用する機関投資家とはリスクに対する態度や資本利得または資本損失に対する認識は互いに異なるのが普通である．機関投資家の資産の配分は資産のリスク・クラス間の配分や運用対象に制約が課せられることが多い．また場合によっては，高いリターンを求めることよりも損失の発生を回避したり，市場の平均値を表すベンチマークと同等の運用成績を実現することに主たる関心がある場合が多い．また運用期間も比較的に中・長期間であり，単年度収益よりも長期的な運用収益を確保することがそこでは要請されている．したがって，リスク尺度についても分散や標準偏差ではなく，安全第一基準やVaRまたは半分散などがより彼らの実務的なリスク尺度として採用されることが多い．機関投資家や法人投資家にとって資産運用の主たる目的は，企業の営業活動の下で発生する資金需要や約束した運用果実を満たすに必要な運用収益を実現することにある．この節では，ポートフォリオの運用評価について述べる．

投資家の運用実績を評価するために必要とされる情報は

(1) 達成した収益率
(2) 同様の運用基金や日経平均などのような参照ポートフォリオと比較できる運用実績を表す指数
(3) ポートフォリオに課せられているリスクのアウトラインまたは上限を計算するに必要なデータ

を含むものでなければならない．運用実績が運用担当者の専門的技術や能力によるものかまたは市場の偶然的要因によるものか否かを判断するためにはある程度の長期的な時間を必要とする．投資家の専門的能力と偶発的な好運とを区別することは短期的には困難であるからである．もちろん市場の動きを完全に反映するような現実的なポートフォリオはないので，ポートフォリオの運用実績を正確に評価する尺度もまたない．第1章1.3節で述べた完全で効率的な市場は現実には存在しないので，ポートフォリオの組み換えに当っても市場価格である特定の証券を一定の価格で大量に売買することは不可能である．特に，不動

産のような実物資産の価格は有価証券のようなスポット市場は存在しないのが
普通である．ポートフォリオにこのような実物資産が組み込まれているならば，
ポートフォリオの組み換えには時間を要するので，運用評価も難しくなる．第2
章で説明した内部収益率の考え方がポートフォリオの収益率を計算する上で有
益である．以下では，加重平均収益率および時間平均収益率による評価方法につ
いて説明する．

3.5.1 加重平均内部収益率

　ポートフォリオのキャッシュ・フローを加味した加重平均収益は，単に運用期
間中の内部収益率を計算することによって得られる．運用担当者の管理外にあ
るキャッシュ・フローの大きさと時点によって運用成績を測る尺度である．W_0
をポートフォリオの運用期首の富，W_1 を運用期末の富，C_j を時刻 t_j のキャッ
シュ・フローとする．n をキャッシュ・フローが発生した回数とすれば，運用期
間中の内部収益率 i は次式で与えられる．

$$W_0(1+i) + \sum_{j=1}^{n} C_j(1+i)^{1-t_j} = W_1 \tag{3.77}$$

(3.77) 式によって計算された内部収益率 i がより大きければそのポートフォリオ
の収益も大きくなる．

3.5.2 時間平均収益率

　時間平均収益率とは，収益率を時間に関して加重平均をとる方法である．この
方法は，キャッシュ・フローが発生したときのみポートフォリオの市場価値を評
価する方法である．前述の加重平均収益率よりもより多くの情報を必要とする．
まず運用期間をキャッシュ・フローが発生したより短い期間に分割する必要があ
る．W_{t_j} を時刻 t_j $(j = 1, 2, \cdots, n)$ でのポートフォリオの富（市場価値）とし，
W_0, W_1, C_j は加重平均収益率と同様とすれば，このポートフォリオの時間平均
収益率 i は

$$1 + i = \frac{W_{t_1}}{W_0} \cdot \frac{W_{t_2}}{W_{t_1} + C_1} \cdot \cdots \cdot \frac{W_1}{W_{t_n} + C_n} \tag{3.78}$$

で与えられる．

(3.78) 式の時間平均収益率はベンチマークの収益率と比較することによって，**相対的収益率** (relative rate of return) として計量化できる．すなわち，ポートフォリオ P の時間平均収益率を R_P とし，ベンチマークの収益率を R_b とすれば，ベンチマーク b に対するポートフォリオ P の相対的収益率 r_P は

$$1 + r_P = \frac{1 + R_P}{1 + R_b} \tag{3.79}$$

で与えられる．書き換えれば，ポートフォリオ P の収益 $(1 + R_P)$ は

$$1 + R_P = (1 + r_P)(1 + R_b)$$

となって，ベンチマーク収益率 R_b を相対的収益率によって割増した値である．ベンチマークよりも大きな運用収益を達成すれば，そのポートフォリオの相対的収益率はより大きくなる．

ベンチマーク収益率 R_b が k 個の指数の収益率 R_i $(i = 1, 2, \cdots, k)$ の加重平均からなると仮定しよう．すなわち

$$R_b = \sum_{i=1}^{k} w_i R_i \tag{3.80}$$

k を資産クラスの数とみなせば，R_i は資産クラス i のベンチマーク収益率である．もしポートフォリオ P をこの資産クラスの指数に応じて保有すれば，ポートフォリオ x の収益 R_x は (3.80) 式と同様に

$$R_x = \sum_{i=1}^{k} x_i R_{x_i}$$

となる．$r_x^* \equiv R_x - R_i$ とすれば

$$
\begin{aligned}
r_x^* &= \sum_{i=1}^{k} x_i R_{x_i} - \sum_{i=1}^{k} w_i R_i \\
&= \sum_{i=1}^{k} (x_i - w_i)(R_{x_i} - R_i) + \sum_{i=1}^{k} x_i(R_{x_i} - b_i)
\end{aligned}
$$

となる．ここで $\sum_{i=1}^{k}(x_i - w_i)R_i = 0$ を用いた．上式の右辺の第 1 項はポートフォリオ x をベンチマークと同一とすれば消滅する．したがって，$R_{x_i} < R_i$ な

らば $x_i < w_i$ とするようにポートフォリオ x を選べば，ポートフォリオ x の相対的収益率をプラスにすることが可能となる．もしポートフォリオに組み込まれている資産 i の収益率がベンチマークの資産クラス収益率とすべての i について等しいならば，第2項は0となる．すなわち，すべての i について $R_{x_i} = R_i$ ならば，第2項は消滅するので，ポートフォリオの相対的収益率は，ポートフォリオに組み込まれた資産の収益率がベンチマーク収益率と異なる資産クラスの投資比率の差を反映することになる．この相対的収益率がプラスとなるようにポートフォリオを選ぶことが運用収益を高めることになる．

演習問題

問題 3.1 マルコビッツの平均＝分散モデルの特徴を述べ，モデルのもつ実務上の問題点について述べなさい．

問題 3.2 投資家の効用関数が $u(w) = c + aw + bw^2$ ならば，投資家はポートフォリオの平均 μ と標準偏差 σ だけに基づいてポートフォリオを選ぶことを示しなさい．

問題 3.3 もし投資家の効用関数が

$$u(w) = \begin{cases} 1, & w \geq d \\ 0, & w < d \end{cases}$$

ならば，リターンの許容限度 d を下回る確率を最小にするポートフォリオを選ぶべきであることを示しなさい．

問題 3.4 $n = 2$ のとき，$\sigma_1 = 0.2$，$\sigma_2 = 0.3$，$\rho = 0.3$ のときポートフォリオ収益の分散を最小にするポートフォリオ $x = (x, 1-x)^T$ を求めなさい．

問題 3.5 $n = 3$ のとき，次の平均収益率ベクトル μ と共分散行列 V をもつ効率的ポートフォリオを求めなさい．

$$\mu = \begin{pmatrix} 1 \\ 2 \\ 3 \end{pmatrix}, \quad V = \begin{pmatrix} 1 & 0 & 0 \\ 0 & 2 & 0 \\ 0 & 0 & 4 \end{pmatrix}$$

問題 3.6 収益の密度関数 $f(r)$ が

$$f(r) = \begin{cases} 2(1-r), & 0 \leq r \leq 1 \\ 0, & \text{その他} \end{cases}$$

で与えられるとき，平均と分散を計算し，$P^* = 0.33$ となる VaR を求めなさい．

問題 3.7 次の表で与えられるポートフォリオの加重平均収益率および時間平均収益率を求めなさい．ただし，$W_0 = 100$，$W_1 = 150$ とする．

期間	ポートフォリオの市場価値	キャッシュ・フロー
1/4	110	10
1/2	140	5
3/4	150	10
1	150	

第4章

資本資産評価モデル（CAPM）

前章のポートフォリオ選択モデルでは，投資家が収益率の平均と分散に基づいて自己のポートフォリオを選択するモデルを紹介した．もし無リスク証券がある場合にはポートフォリオ収益の2つのパラメータである平均と分散（標準偏差）がある関係式を満たすことを示した．すなわち，分散を最小にするポートフォリオの期待収益 $E[R]$ とその標準偏差 $\sigma(R)$ との間には

$$E[R] - r_0 = \begin{cases} \sqrt{F}\sigma(R), & E[R] \geq r_0 \\ -\sqrt{F}\sigma(R), & E[R] < r_0 \end{cases} \tag{4.1}$$

のような関係式が成立する（(3.65) 式参照）．左辺の超過収益率 $(E[R] - r_0)$ はリスク尺度 $\sigma(R)$ と比例関係にある．上式の両辺を $\sigma(R)$ で割れば

$$|E[R] - r|/\sigma(R) = \sqrt{F}$$

となるので，ポートフォリオ収益のリスク1単位あたりの超過収益率の絶対値は $\sqrt{F}$ である．$(\sigma(R), E[R])$ 平面上に (4.1) 式を図 3.11 のように描けば，$\sqrt{F}$ はその直線の傾きである．この関係式はポートフォリオ収益とその標準偏差との関係を表したものであるが，このような関係式は個々の有価証券収益の平均とその標準偏差との間にも成立するであろうか．本章では平均＝分散モデルに基づいて市場の参加者がポートフォリオ選択をしたとき，個々の有価証券の超過収益率と市場ポートフォリオのリスクとの関係について述べる．

4.1 CAPM の導出

ポートフォリオ理論では意思決定者としての投資家が平均＝分散モデルに代表される投資基準に従って自己のポートフォリオを選択した．資本市場におけるすべての参加者がポートフォリオ選択に際してすべての有価証券の確率予測（例えば，平均と分散のパラメータ）について同一の予測をするとは限らない．個々の投資家は価格決定に何ら影響をもたないが，資本市場ではそのような投資家の集合としての意思決定の結果，有価証券の価格が決定される．資本資産評価モデル (CAPM) では投資家と資本市場についてのいくつかの仮定を設ける．第1章で述べた完全な資本市場の仮定に加えて次の仮定を設ける．

仮定 1. すべての投資家はポートフォリオ収益の期待値とその標準偏差に基づいて投資決定を行う．

仮定 2. すべての投資家はリスク回避的である．

仮定 3. すべての投資家は期首と期末からなる同一期間において期末までの証券価格の確率予測を行い，期首において投資の意思決定を行う．

完全な資本市場の仮定の下で証券は完全に分割可能であり，取引費用は存在せず，無リスク利子率で自由に借りることも貸すこともできる．効率的市場の仮定の下でポートフォリオ収益の期待値と標準偏差についてすべての投資家は同一の予測をする．仮定 3 は，すべての投資家が同一の単一期間において有価証券価格の確率予測を行い，期首において 1 回限りの投資決定を行い，期の途中でポートフォリオの組み替えを行わないことを仮定している．すなわち，投資の意思決定は 1 回限りのゲームである．

これらの仮定の下でシャープ (Sharpe, 1964)，Lintner (1965) および Mossin (1966) らによって CAPM (Capital Asset Pricing Model) と呼ばれる最初の資産評価モデルが定式化された．このモデルではシステマティック・リスクと呼ばれる資本市場全体のリスクによって，個別証券の超過収益率を記述している．したがって，CAPM では市場のシステマティック・リスクを**市場リスク** (market risk) と呼ぶことにする．ここでの市場リスクとはすべての有価証券からなるポートフォリオ（**市場ポートフォリオ** (market portfolio) と呼ぶ）のリスクである．市

場ポートフォリオではすべての有価証券は市場ポートフォリオの市場価値に対するその証券の相対価格を保有する．例えば，市場ポートフォリオの代理変数として日経平均が 20,000 円であるとき，ある証券 i の価格が 1,500 円ならば，市場ポートフォリオにおける証券 i の保有比率は $1,500/20,000 = 7.5\%$ である．

市場ポートフォリオを M とし，その期待値を $E[R_M]$ としたとき，証券 i の収益率 R_i の市場ポートフォリオとの相対的なリスク尺度を β_i（ベータ値と呼ぶ）とすれば，β_i は

$$\beta_i = \frac{Cov(R_i, R_M)}{\sigma^2(R_M)} \tag{4.2}$$

で与えられる．CAPM における証券 i の期待収益率 $E[R_i]$ は，関係式

$$E[R_i] - r_0 = \beta_i(E[R_M] - r_0) \tag{4.3}$$

を満たす．ここで r_0 は無リスク証券の収益率である．(4.3) 式を $(\beta_i, E[R_i])$ 平面に描けば図 4.1 となって，この直線を**証券市場線** (security market line) と呼ぶ．この証券市場線は証券 i の期待収益率と β_{iM} によって表現される証券 i のリスクとの関係を示し，その関係が一次式で与えられることを示している．またその直線の傾きは $(E[R_M] - r_0)$，すなわち，市場ポートフォリオの超過収益率に等しい．

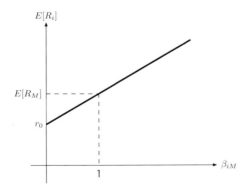

図 4.1　証券市場線

もし $\beta_{iM} = 1$ ならば，$E[R_i] = E[R_M]$ となって，証券 i と市場ポートフォリオの期待収益率は一致する．もし $Cov(R_i, R_M) = 0$，すなわち，証券 i と市場

ポートフォリオ M とが無相関ならば，$\beta_i = 0$ となるので，$E[R_i] = r_0$ となる．すなわち，市場ポートフォリオと無相関な証券 i のリスクは市場では評価されないので，その収益率は無リスク収益率に等しい．

CAPM の公式 (4.3) 式のより厳密な数学的導出については後で述べる．第 3 章 3.3 節の (3.62) 式において無リスク証券がある場合のリスク証券のみからなる接点ポートフォリオは

$$x^* = V^{-1}(\mu - r_0 \mathbf{1})\frac{E[R] - r_0}{F}$$

であるので，接線ポートフォリオ x の分散 $\sigma^2(R_x)$ は

$$\sigma^2(R_x) = x^T V x$$
$$= \frac{x^T \mu - r_0 x^T \mathbf{1}}{A - C r_0} = \frac{E[R_x] - r_0}{A - C r_0} \tag{4.4}$$

となる．一方，共分散ベクトル $\sigma_x = Vx$ は

$$\sigma_x = Vx = \frac{\mu - r_0 \mathbf{1}}{A - C r_0} \tag{4.5}$$

であるので，(4.4) 式と (4.5) 式より

$$\mu - r_0 \mathbf{1} = \sigma_x (A - C r_0) = \frac{\sigma_x}{\sigma^2(R_x)}\left(E[R_x] - r_0\right) \equiv \beta_x(E[R_x] - r_0) \tag{4.6}$$

を得る．ただし，$\beta_x = \sigma_x/\sigma^2(R_x)$ である．

CAPM の仮定の下ですべての投資家は接点ポートフォリオと無リスク証券とを組合せたポートフォリオを保有するから，リスク証券に対する投資家全体の保有量すなわち需要量もまた接点ポートフォリオに比例する．均衡では需要と供給は一致するので，市場全体のポートフォリオである市場ポートフォリオ M におけるリスク証券への供給量もまた接点ポートフォリオに比例する．自己充足的な無リスク証券の純供給量を 0 とすれば，この接点ポートフォリオは市場ポートフォリオ M に等しい．したがって，(4.6) 式は市場ポートフォリオに対しても成立するので

$$\mu - r_0 \mathbf{1} = \beta_M(E[R_M] - r_0) \tag{4.7}$$

が成立する．ただし，$\beta_M = \sigma_M/\sigma^2(R_M) = V x_M/(x_M^T V x_M)$ である．(4.7) 式を Sharp-Lintner の CAPM と呼ぶ．(4.7) 式のベクトルの i 番目の要素で表

現すれば,証券 i の超過収益率と市場ポートフォリオのそれとの関係式となって,(4.3) 式で与えられる.(4.3) 式または (4.7) 式の右辺は CAPM におけるリスク・プレミアムと呼ぶ.ベータ値 β_i は市場ポートフォリオに対する証券 i の超過収益率の"感度 (sensitivity)"を表している.もし $\beta_i = 1$ ならば,証券 i の超過収益率の期待値は市場ポートフォリオのそれに等しい.もし $\beta_i > 0$ すなわち $Cov(R_i, R_M) > 0$ ならば,証券 i の収益率と市場ポートフォリオは正の相関関係にあり,もし $\beta_i < 0$ $(P_{iM} < 0)$ ならば,その相関関係は逆になることがわかる.もし $\beta_i > 1$ ならば,証券 i の超過収益率は市場ポートフォリオの収益率よりも大きい.すなわち,リスクよりも大きい.このように $\beta_i(E[R_M] - r_0)$ はリスク証券 i のリスク・プレミアムとみなすことができる.

平均＝分散モデルにおいて効率的フロンティアの導出については第 3 章 3.3 節で述べた.無リスク証券がない場合の効率的フロンティアは標準偏差と期待収益率とが作る $(\sigma(R), E[R])$ 平面上で上側半分の双曲線（図 3.7）として描かれる.無リスク証券が導入され,その収益率 r_0 が効率的フロンティアの最小分散を与える収益率よりも小ならば,すなわち,$r_0 < A/C$ ならば,図 4.2 からも明らかのように $E[R]$ 軸上の点 r_0 から効率的フロンティアへの接線は点 M で接する.無リスク証券と点に対応する効率的ポートフォリオとの一次結合は,$E[R_x]$ 軸上の点 r_0 から効率的フロンティアへの接線として表現できる.その接点 M をポートフォリオ M と呼ぶことにする.明らかに接線上のすべてのポートフォリオは達成可能である.点 M の右側のポートフォリオは無リスク証券の収益率で借り入れた資金をリスク証券の

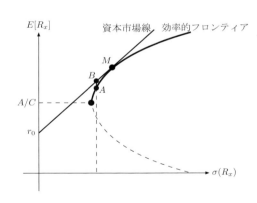

図 4.2 資本市場線

購入に当てることで達成される.無リスク証券の収益率 r_0 からポートフォリオ M への接線を**資本市場線** (Capital Market Line, CML) と呼ぶ.

効率的フロンティア上のポートフォリオ A と同一のリスク（すなわち同一の $\sigma(R_x)$）をもつ資本市場線上のポートフォリオ B とを比較してみよう．ポートフォリオ B は効率的ポートフォリオ M と無リスク証券の一次結合である．図 4.2 より明らかに同じリスク $\sigma(R)$ に対してポートフォリオ B のリターンはポートフォリオ A のリターンより大きい．仮定 2 より投資家はリスク回避的であるので，ポートフォリオ A よりもポートフォリオ B を選好する．資本市場線のすべてのポートフォリオは接点ポートフォリオ M 以外の効率的フロンティア上のポートフォリオに優越する．このように無リスク証券がある場合には，効率的フロンティア上の接点ポートフォリオ M と無リスク証券とを組合せた資本市場線上のポートフォリオを選択することになる．

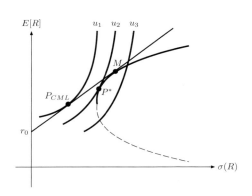

図 4.3 無差別曲線の下での資本市場線と効率的フロンティア

投資家が選択する資本市場線上のどの効率的ポートフォリオを選択するかは投資家の効用関数すなわちリスク選好に依存する．

図 4.2 に投資家の無差別曲線（同一の効用を与える曲線群）を追加して描けば図 4.3 を得る．図 4.3 からも明らかのように最も高い効用を与える無差別曲線に接する資本市場線上のポートフォリオを投資家は選好する．図 4.3 では $u_1 > u_2 > u_3$ であるので u_1 の無差別曲線である．もし無リスク証券がなければ，投資家は無差別曲線と効率的フロンティアが接するポートフォリオ P^* を最適なポートフォリオとして選択する．無リスク証券が存在する場合は，無リスク証券と効率的フロンティア上の接線ポートフォリオ M とを組合せた資本市場線上のポートフォリオ P_{CML} を選択する．ここで P_{CML} は無差別曲線 u_1 が資本市場線と接するポートフォリオとなっている．効率的市場においてはすべての投資家は収益の期待値とその標準偏差について同一情報をもつので，すべての投資家は無リスク証券に x_0，市場ポートフォリオに x_M を投資する効率的ポートフォリオ $x = (x_0, x_M)^T$ を

もつ．すなわち，$x_0 + x_M = 1$ である．このポートフォリオ収益の期待値は

$$
\begin{aligned}
E[R_x] &= x_0 r_0 + x_M E[R_M] \\
&= (1 - x_M)r_0 + x_M E[R_M] \\
&= r_0 + x_M(E[R_M] - r_0)
\end{aligned}
\tag{4.8}
$$

となる．このポートフォリオの分散 $\sigma^2(R_x)$ は

$$
\begin{aligned}
\sigma^2(R_x) &= \sigma^2(x_0 r_0 + x_M R_M) \\
&= x_M^2 \sigma^2(R_M)
\end{aligned}
\tag{4.9}
$$

となる．ポートフォリオ x の分散は市場ポートフォリオ M の分散に投資比率 x_M の 2 乗を乗じた量である．(4.9) 式の平方根をとれば，標準偏差は

$$
\sigma(R_x) = x_M \sigma(R_M)
$$

となり

$$
x_M = \frac{\sigma(R_x)}{\sigma(R_M)}
$$

を得る．この x_M を (4.8) 式に代入すれば資本市場線は

$$
E[R_x] = r_0 + \frac{\sigma(R_x)}{\sigma(R_M)}\left(E[R_M] - r_0\right)
\tag{4.10}
$$

によって表現される．(4.10) 式を書き換えれば

$$
\frac{E[R_x] - r_0}{\sigma(R_x)} = \frac{E[R_M] - r_0}{\sigma(R_M)}
\tag{4.11}
$$

となり，(4.11) 式は，左辺のポートフォリオ x のリスク 1 単位あたりの超過収益率は，右辺の市場ポートフォリオのリスク 1 単位あたりの超過収益率に等しいと主張している．

4.2　CAPM の解析的導出

CAPM の公式である (4.3) 式または (4.10) 式の資本市場線をより厳密な形で数学的に導出することができる．無リスク証券が存在する場合，この無リスク

証券の収益率 r_0 で無制限に資金を借りたり貸したりすることができることを完全市場の下で仮定した．いま，任意のポートフォリオ x を考える．このポートフォリオ x が平均＝分散モデルにおいて最適なポーフォリオとなるためには，無リスク証券の収益率 r_0 から $(\sigma(R_x), E[R_x])$ 平面上の傾き θ が実行領域において最大となることである．すなわち，r_0 からの直線が効率的フロンティアと接する最小分散ポートフォリオであるので

$$\max_x \ \theta = \frac{E[R_x] - r_0}{\sigma(R_x)} \tag{4.12}$$

となる x を求めることである．(4.12) 式を要素 x_i で表現すれば

$$\theta = \frac{\sum_i \mu_i x_i - r_0}{\sum_i \sum_j x_i \sigma_{ij} x_j}$$

となるので，$d\theta/dx_k = 0 \ (k = 1, \cdots, n)$ とおけば

$$-\frac{\sum_i x_i(\mu_i - r_0)}{\sum_i \sum_j x_i \sigma_{ij} x_j} \left(\sum_j x_j \sigma_{kj} \right) + (\mu_k - r_0) = 0, \quad k = 1, 2, \cdots, n \tag{4.13}$$

を得る．ここで

$$\beta_x = \frac{\sum_i x_i(\mu_i - r_0)}{\sum_i \sum_j x_i \sigma_{ij} x_j}$$

とおけば，(4.13) 式は

$$\beta_x \sum_j x_j \sigma_{kj} = \mu_k - r_0, \quad k = 1, 2, \cdots, n \tag{4.14}$$

となる．この式は各証券ごとに成立し，パラメータ μ_k と σ_{kj} について市場の参加者である投資家が期待値と分散共分散について同一の予想をするので，各証券は唯一の (4.14) 式をもつ．その結果，すべての投資家は同一の最適ポートフォリオを選択し，均衡ではすべての証券からなる市場ポートフォリオの投資比率は最適ポートフォリオの投資比率に等しい．換言すれば，証券 i への投資比率は，市場ポートフォリオの市場価値における証券 i の市場価値の比率に等しい．市場ポートフォリオ x_M の収益率は

$$R_M = \sum_{i=1}^M R_i x_i^M$$

であるので，証券 k と市場ポートフォリオ x_M との共分散は

$$
\begin{aligned}
Cov(R_k, R_M) &= E\left[(R_k - \mu_k)\left(\sum_j R_j x_j^M - \sum_j \mu_j x_j^M\right)\right] \\
&= E\left[(R_k - \mu_k)\sum_j x_j^M (R_j - \mu_j)\right] \\
&= \sum_j x_j^M E[(R_k - \mu_k)(R_j - \mu_j)] \\
&= \sum_j x_j^M Cov(R_k, R_j) \\
&= \sum_j x_j^M \sigma_{kj}
\end{aligned}
\tag{4.15}
$$

となる．(4.15) 式を用いて (4.14) 式を書き換えれば，

$$
\beta_x Cov(R_k, R_M) = \mu_k - r_0, \quad k = 1, 2, \cdots, n
\tag{4.16}
$$

を得る．(4.16) 式はすべての証券について成立するので，すべてのポートフォリオについても成立する．市場ポートフォリオもそのような 1 つのポートフォリオであるから，(4.16) 式において証券 k の代わりに市場ポートフォリオ x_M を代入すれば共分散は分散に退化するので

$$
Cov(R_M, R_M) = \sigma^2(R_M)
$$

を得る．したがって，(4.16) 式は

$$
\beta \sigma^2(R_M) = E[R_M] - r_0
$$

となって

$$
\beta = \frac{E[R_M] - r_0}{\sigma^2(R_M)}
$$

となる．ただし，$E[R_M] = \sum_i \mu_i x_i^M$ である．この β を (4.16) 式に代入して

$$
\begin{aligned}
\mu_k - r_0 &= \frac{E[R_M] - r_0}{\sigma^2(R_M)} Cov(R_k, R_M) \\
&= \beta_{kM}(E[R_M] - r_0), \quad k = 1, 2, \cdots, n
\end{aligned}
\tag{4.17}
$$

を得る．ここで，$\beta_{kM} = Cov(R_k, R_M)/\sigma^2(R_M)$ である．この式は (4.3) 式と同一の CAPM の公式である．(4.17) 式は $(\beta_{kM}, E[R_k])$ 平面上では証券市場線と呼ばれるものである．任意の証券 k の期待収益率とその証券の β_{kM} で測定した市場リスクとの関係を示している．市場リスク β_{kM} が高い程，証券 k の期待収益率も高くなることを市場は要求すると主張している．すなわち，ハイリスク＝ハイリターンの関係が成立している．この導出法の利点は，β_{kM} がリスクの適正な尺度であることを仮定する必要がないことである．

4.3　CAPM の拡張

CAPM における各証券の期待収益率と市場リスク β との関係式は，完全市場での無リスク証券について空売りに制約がないことを前提としている．無リスク証券の借り入れには制約が現実には存在するので，この仮定は非現実的であるとの批判を免れることはできない．この節では，無リスク収益率での借り入れに制約があると仮定する．この制約の下では，すべての投資家が期待収益と標準偏差について同一の予想をもつとしても効率的フロンティアへの接線ポートフォリオ上の市場ポートフォリオはすべての投資家にとって平均＝分散モデルにおける最適ポートフォリオではない．なぜならば，無リスク収益率での空売りに制限があるとき，資本市場線上のあらゆるポートフォリオは達成可能でないからである．市場ポートフォリオは，すべての投資家が選択する同一の最適ポートフォリオの総和である．すべての投資家が同一の最適なポートフォリオを選択しないならば，総和としての市場ポートフォリオは効率的ポートフォリオとなる保証はない．したがって，市場ポートフォリオと各証券の収益率の関係式であるCAPM の公式も資本市場での均衡において成立する保証はない．

　無リスク収益率による投資額に制約を課した CAPM の修正モデルはブラック (Black, 1972) によって提唱された．ブラックの CAPM は，平均＝分散モデルにおける効率的ポートフォリオの次の性質によって支えられている．

性質 1 効率的ポートフォリオの一次結合はまた効率的ポートフォリオである．（第 3 章 3.3 節の性質 6 と同一の性質である．）

性質 2 効率的フロンティア上の任意の効率的ポートフォリオは，双曲線の下側

に位置する非効率的ポートフォリオ（**コンパニオン・ポートフォリオ**と呼ぶ）をもつ．効率的ポートフォリオのコンパニオン・ポートフォリオとは，同一の期待収益率をもつ非効率的ポートフォリオのことである．両者は無相関である．したがって，無相関ならばβ（ベータ）値は0であるので，コンパニオン・ポートフォリオを効率的ポートフォリオに対する**ゼロベータ・ポートフォリオ**と呼ぶ．

性質 3 任意の証券の期待収益率は2つの効率的ポートフォリオの期待収益率の一次式として表現できる．

以上の性質を図 4.4 によって説明しよう．効率的ポートフォリオは最小分散ポートフォリオ mvp よりも上側の双曲線であり，非効率的ポートフォリオは mvp よりも下側の双曲線である．縦軸の $E[R_P]$ および $E[R_Q]$ から効率的フロンティアへの接線を描く．その接線が効率的フロンティアと接する2つの効率的ポートフォリオを P と Q とする．P と Q に対応する非効率的フロン

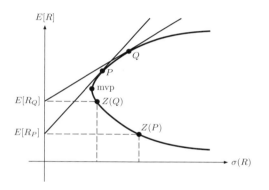

図 4.4 効率的ポートフォリオとゼロベータ・ポートフォリオ

ティア上のゼロベータ・ポートフォリオをそれぞれ $Z(P)$ と $Z(Q)$ とする．$E[R_P] < E[R_Q]$ ならば $\sigma(R_Q) < \sigma(R_P)$ である．図 4.4 からも明らかのように，異なる効率的ポートフォリオは異なるゼロベータ・ポートフォリオをもつ．性質3より任意の証券の期待収益率は2つの効率的ポートフォリオの期待収益の一次式で表現可能である．図 4.4 における効率的ポートフォリオ P と Q を考えよう．ブラックの CAPM では，任意の証券 i の期待収益率 $E[R_i]$ は

$$E[R_i] = E[R_Q] + (E[R_P] - E[R_Q])\frac{Cov(R_i, R_P) - Cov(R_P, R_Q)}{\sigma^2(R_P) - Cov(R_P, R_Q)} \quad (4.18)$$

として表現可能である．(4.18) 式は市場ポートフォリオとは無関係な式であり，効率的ポートフォリオと任意の証券の期待収益率に関する関係式である．これ

らの3つの性質を用いてCAPMの公式の拡張型を考えることが可能である．ここでは，無リスク収益率で貸すことは可能であるが，借りることはできない場合を考えよう．市場ポートフォリオでない2つのポートフォリオ P と Q の間には

$$E[R_P] = r_0 + \frac{\sigma(R_P)}{\sigma(R_Q)}(E[R_Q] - r_0) \tag{4.19}$$

の関係が成立する．これを**資本配分線** (Capital Allocation Line, CAL) と呼ぶ．いま，2人の投資家を想定し，リスク回避的な投資家は無リスク収益率で資金を貸すことでポートフォリオ P を組成したとしよう．一方，リスク許容的な投資家はポートフォリオ Q を選択したとしよう．ポートフォリオ P は無リスク収益率 r_0 から効率的フロンティアへの接点ポートフォリオである．ポートフォリオ Q はポートフォリオ P よりもより大きなリターンとリスクをもつ効率的ポートフォリオである．これらを図示すれば図 4.5 のようになる．P と Q を一次（凸）結合したポートフォリオ M は無リスク収益率で資金を借り入れることができないので P と Q のロングポジションのポートフォリオである．したがって，図 4.5 のように効率的フロンティア上の P と Q の中間に位置する．資本市場が P と Q から成り立つならば，ポートフォリオ M は市場ポートフォリオである．P と Q が効率的ポートフォリオであるから，性質1よりポートフォリオ M は効率的市場ポートフォリオである．市場ポートフォリオ M は非効

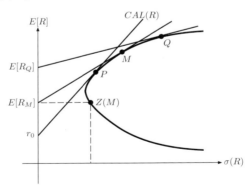

図 4.5 借り入れがない資本配分線と資本市場線

率的フロンティア上にゼロベータ・ポートフォリオ $Z(M)$ をもち，性質2より

94

$Cov(R_M, R_{Z(M)}) = 0$ が成立する．さらに性質3より，任意の証券 i の期待収益率の (4.18) 式は

$$E[R_i] = E[R_{Z(M)}] + E[R_M - R_{Z(M)}]\frac{Cov(R_i, R_M)}{\sigma^2(R_M)} \qquad (4.20)$$

の形に退化する．上式は r_0 の代わりに $E[R_{Z(M)}]$ を置き換えた修正された CAPM の公式となっている．ブラックの CAPM では無リスク証券の存在を仮定しない．市場ポートフォリオ M が効率的フロンティア上に存在する限り，点 M を接点とする資本市場線の縦軸 $E[R_M]$ に等しい期待収益率をもつゼロベータ・ポートフォリオ $Z(M)$ の期待収益率 $E[R_{Z(M)}]$ によってすべての証券の期待収益率 $E[R_i]$ が (4.20) 式の形で表現できることを示した．このとき市場ポートフォリオ M とゼロベータ・ポートフォリオ $Z(M)$ との相関係数は0である．

4.4 国際 CAPM

CAPM のもう1つの拡張の方向は，Solnik (1974) による国際 CAPM (international capital asset pricing model) である．国際 CAPM においては，投資家が国際分散投資を行うことを前提とするので各国の通貨についての為替とそのリスクについて説明する必要がある．本節では，為替リスクはヘッジなどの取引戦略によって除却できると仮定する．一方，投資家は消費については自国においてのみ消費すると仮定する．さらに，投資家は証券の収益率と為替レートについては同一の期待予想をもつと仮定する．したがって，証券の期待収益率は自国通貨または外国通貨のいずれで測定するかにかかわらず同一である．ヘッジ戦略は自国の無リスク収益率で貸借できることによって可能と仮定する．すなわち，投資家は自国と同様に外国においてリスク証券に投資するのと同額を貸借することができる．逆に，外国において無リスク収益率で調達した資金を自国において投資することも可能となる．2国間の無リスク証券によって資金調達した取引による資本利得または資本損失は，完全市場の下では取引費用が発生しないので，リスク証券の取引で生じた為替による利得または損失によって相殺される．

すべての投資家は証券価格について同質の情報を保有するので，資本資産評価モデル (CAPM) が成立するどの国においても同一の投資行動をとり，その結果，証券の価格も CAPM の枠組みの下で決定される．任意の国 k での無リスク

証券の収益率を r_0^k，リスク証券 i の為替ヘッジ後の収益率を R_i^k とすれば，その国 k において CAPM の公式

$$E[R_i^k] - r_0^k = \beta_i^k (E[R_M^k] - r_0^k) \tag{4.21}$$

が成立する．ここで R_M^k は，当該国 k における為替ヘッジ後の市場ポートフォリオ収益率であり，β_i^k はヘッジ後の収益率を用いて定義されたベータ値

$$\beta_i^k = \frac{Cov(R_i^k, R_M^k)}{\sigma^2(R_M^k)} \tag{4.22}$$

である．証券 i の国内市場が当該国 k の市場であるならば，為替ヘッジ後の収益率と国内収益率とは同一であるので，関係式 (4.21) が国ごとに成立する．すなわち，投資家が海外において投資しなかったとしても，各国において CAPM の一連の式 (4.21) 式が成立することになる．しかし，国ごとの CAPM の関係式から国際 CAPM の関係式に移行するためには，為替ヘッジ収益率をその国の国内での収益率に変換する必要がある．ある国 k の証券収益率が国内通貨で表現されるならば，その国の市場ポートフォリオ収益率は DR_M^k と表現するとしよう．ヘッジ戦略としてすべての投資家は，海外に投資するならば国内市場で無リスク収益率で資金を調達するのと同様に無リスク収益率で外国通貨を貸借することができると仮定する．W_j を国 j に投資する富の比率とし，W_j^k を国 j で投資する国 k における投資家の富の比率とすれば期待ヘッジ収益率 $E[R_M^k]$ は

$$E[R_M^k] = E[DR_M^k] - \sum_{j \neq k} W_j^k r_0^j + \sum_{j \neq k} W_j^k r_0^k \tag{4.23}$$

と書ける．すなわち，期待ヘッジ収益率は国内収益率から外国からの無リスク証券による借り入れによる金利を差引き，国内の無リスク証券からの金利を加えたものである．国ごとのすべての投資家の富の投資比率の総和は 1 であるので，(4.23) 式は

$$E[R_M^k] = E[DR_M^k] + r_0^k - \sum_{j \neq k} W_j^k r_0^k \tag{4.24}$$

となる．どの国においても市場ポートフォリオの期待ヘッジ収益率は国内の市場ポートフォリオの期待収益率に国内の無リスク収益率と国外の無リスク収益率の加重平均との和を加えたものに等しい．もし証券 i の取引市場がその国 k の

市場ならば，ヘッジ収益率 R_i^k と国内市場での収益率 DR_i とは等しいので，国 k での証券 i の超過収益率を $DER_i^k \equiv DR_i - r_0^k$ とすれば，その期待収益率は

$$E[DER_i^k] = \beta_{iD}^k (E[R_M^k] - r_0^k) \tag{4.25}$$

となる．ただし

$$\beta_{iD}^k = \frac{Cov(DR_i, R_M^k)}{\sigma^2(R_M^k)} \tag{4.26}$$

である．(4.24) 式を (4.25) 式に代入すれば，(4.25) 式は

$$E[DER_i^k] = \beta_{iD}^k \left(E[DR_M^k] - \sum_j W_j^k r_0^j \right) \tag{4.27}$$

となる．(4.27) 式より，R_M^k と DR_M^k は定数のみの違いであるので，分散および共分散に変化はない．したがって，国内通貨による収益率のベータ値はヘッジ収益率によるベータ値と同一である．すなわち

$$\beta_{iD}^k = \frac{Cov(DR_i, DR_M^k)}{\sigma^2(DR_M^k)} = \beta_i^k$$

が成立する．国際 CAPM では各国の通貨ごとに成立する CAPM の一連の関係式を得る．そこではすべての投資家はそれぞれの投資家の自国通貨に基づいて投資決定をしないことに同意している．国際 CAPM において各国の CAPM の総和をとれば，グローバル市場ポートフォリオにおける証券価格の評価式を導出できることになる．(4.27) 式を $(E[DR_M^k] - \sum_j W_j^k r_0^j)$ で割ってその両辺を $\sigma^2(DR_M^k)$ で乗じれば

$$E[DER_i] \frac{\sigma^2(DR_M^k)}{E[DR_M^k] - \sum_j W_j^k r_0^j} = Cov(DR_i, DR_M^k) \tag{4.28}$$

を得る．グローバル市場ポートフォリオの収益率を $R_M \equiv \sum_k W_k DR_M^k$ とすれば，(4.28) 式に W_k を乗じて，その総和をとれば

$$E[DER_i] \sum_k W_k \frac{\sigma^2(DR_M^k)}{E[DR_M^k] - \sum_j W_j^k r_0^j} = Cov(DR_i, R_M) \tag{4.29}$$

となる．上式はすべてのリスク証券について成立するので，グローバル市場ポートフォリオ R_M についても成立する．すなわち

$$\left(E[R_M] - r_0^M\right) \sum_k W_k \frac{\sigma^2(DR_M^k)}{(E[DR_M^k] - \sum_j W_j^k r_0^j)} = Cov(R_M, R_M) = \sigma^2(R_M)$$

ここで r_0^M は各国の無リスク収益率の保有比率についての加重平均である．すなわち，$r_0^M = \sum_k W_k r_0^k$．したがって

$$\frac{E[R_M] - r_0^M}{\sigma^2(R_M)} = \left[\sum_k W_k \frac{\sigma^2(DR_M^k)}{(E[DR_M^k] - \sum_j W_j^k r_0^j)}\right]^{-1}$$

および (4.29) より，国際 CAPM の関係式

$$E[DER_i] = E[DR_i] - r_0^i = \frac{Cov(DR_i, R_M)}{\sigma^2(R_M)}\left(E[R_M] - r_0^M\right) \qquad (4.30)$$

を得る．(4.30) 式は，グローバル資本市場においても個別証券の超過収益率と市場ポートフォリオ収益と同様の関係式得ることができる．

4.5　CAPM の問題点

　CAPM の導出にあたり，市場と投資家に関して 4.1 節で述べた強い仮定を前提とした．4.3 節は，その仮定の 1 つである無リスク収益率で資金を無制限に投資家は貸借できるという仮定を緩める拡張モデルを説明した．CAPM はマルコビッツの平均＝分散モデルに依拠し，投資家のリスク尺度であるポートフォリオ収益の分散を最小にすることを目的として最適ポートフォリオを導出した．このことは投資家の効用関数が 2 次式で与えられるかまたは証券価格の収益率の変動が正規分布に従う場合には正当化される．証券価格の収益率が正規分布に従うか否かはそれが実証的に支持されるか否かであるが，既存の実証研究は必ずしもこれを支持するものではない．CAPM の検証に関する主な批判は次の 2 点である．

（1）CAPM において採用される期待収益率は過去の実証データに基づくリターンの算術平均ではなく，投資家の将来収益分布に関する期待値であ

る．この期待値が計算可能である場合にのみリスク尺度としての分散の計算が可能となるので，CAPM の公式は証券価格の期待収益率とその分散または共分散との関係を記述したものであって，期待収益率を導出する均衡価格式ではなく，単なる部分均衡価格式である．

（2）CAPM の公式で言及される市場ポートフォリオとは現実にどんな市場のポートフォリオか．すべての証券を含む真の市場ポートフォリオに対する市場の代理変数として日経 225 や S&P500 などが市場インデックスとして適正であるという仮定に基づいている．厳密な意味で我々は市場ポートフォリオを観察することはできないので，市場ポートフォリオの分散および証券価格との共分散，したがって，ベータ値を観察することはできない．観察不可能な市場ポートフォリオが効率的フロンティア上に位置するか否かも検証不可能である．代理変数としての市場インデックスが効率的フロンティア上に位置するという前提で証券価格の期待収益率，分散および共分散を計算（測定）することが可能ならば，CAPM の公式は実証的に支持されることになる．

以上の 2 点の批判は Roll (1977) に基づくものであるが，真の市場ポートフォリオが構成可能であってかつその市場ポートフォリオが効率的フロンティア上に位置することを検証できない限り，CAPM の公式そのものも検証できないことを論証した．このように真の市場ポートフォリオとは検証上何であるか，それが効率的フロンティア上に位置することを実証的に確認できないがために，CAPM は実証研究の立場から強い批判を受けている．しかし，リスク証券の期待収益率とリスク尺度としてのベータ値との関係を単純明快に記述するモデルであり，ハイリスク＝ハイリターンの命題の 1 つの表現式である．CAPM の仮定が想定する合理的投資家によって測定されたリスクは市場（システマティック）リスクであり，このシステマティック・リスクは分散投資（投資対象の多様化）によって消去できないリスクである．CAPM が主張する基本的命題は，リスク証券およびポートフォリオの期待収益（率）は，無リスク収益にリスク・プレミアムが追加された形になっていることである．リスク・プレミアムはベータ値と市場ポートフォリオの超過収益率との積で与えられる．ベータ値はリスク証券の市場リスクの指数であり，証券の収益と市場ポートフォリオ収益の時系列

データから計算される統計量として推定される．ヒストリカル・データからの平均収益率は将来予想としての確率分布から計算される期待値とは一致しないのが通常であるので，CAPM は証券の期待収益率を閉じた解としての均衡モデルではなく，部分均衡としての関係式を示唆しているにすぎない．

演習問題

問題 4.1 投資家 i の効用関数が $u_i(W) = a_i W - \frac{b_i}{2} W^2$ と仮定する．$W \leq a_i/b_i$ の下で CAPM の公式が成立することを示しなさい．

問題 4.2 完全市場において投資家は 3 つの証券 A，B，C にそれぞれ 45%，35%，20% の比率で投資している．3 つの証券の年間収益率，標準偏差および β 値は次の表で与えられ，市場ポートフォリオの代理指数の平均収益率は 5%，標準偏差は 20% であり，無リスク収益率は 2% である．

表 3 つの証券のデータ

証券	年間収益率	標準偏差	β 値
A	0%	30%	0.6
B	30%	60%	1.2
C	10%	25%	0.8

保有ポートフォリオの β 値を計算し，次期の期待収益率を CAPM の公式に基づいて求めなさい．

問題 4.3 市場ポートフォリオの代理変数として日経 225 の指数を考えよう．日経 225 の平均収益率が 14% で標準偏差を 20% とし，無リスク証券の収益率が 2% のとき，資本市場線を求めなさい．

問題 4.4 無リスク証券の収益率を 5% とし，市場ポートフォリオの期待収益率と分散をそれぞれ 10% と 20% としよう．このとき，ある証券の収益率と市場ポートフォリオの収益率との間の共分散が 0.05 ならば，CAPM が成立するとすれば，この株式の期待収益率を求めなさい．

第5章

裁定評価理論（APT）

　前章では平均＝分散モデルに依拠した資本資産評価モデル (CAPM) について解説し，4.5 節ではその問題点についても言及した．その問題点の 1 つは市場ポートフォリオの存在を仮定することであった．CAPM のこの問題を避ける資産評価の方法として Ross (1976) の裁定評価理論 (Arbitrage Pricing Theory, APT) を本章では紹介する．証券価格すなわち証券の収益はどのような経済変数によって影響を受けて市場で決定されるのであろうか．まず，証券の収益が固有の因子（ファクター）との線形関係で記述される線形因子モデルを説明しよう．

5.1　線形因子モデル

　CAPM への批判の 1 つは検証不可能な市場ポートフォリオという因子に依存していることであった．APT では，この批判を回避すべく，証券の収益は市場において観察可能な変数（因子）を説明変数としている．この変数は複数個の存在を許容するが，その変数は何であるかは証券の発行体である企業ごとに異なり，理論上は明示する必要はない．その企業の収益に影響を与える経済指標は企業ごと，産業ごとに異なるのが普通であり，証券の収益は変数との間の線形構造によって説明できると仮定する．APT においても CAPM と同様に，非市場リスク（非システマティック・リスク）は除去できるが，その代わりに投資家は市場リスクを引き受ける必要がある．

証券 i の収益を R_i とし，この収益 R_i は次の一次式で生成されると仮定する．

$$R_i = a_i + b_i I, \quad i = 1, 2, \cdots, n \tag{5.1}$$

ここで I はすべての証券の収益を説明する共通の因子（確率変数）であり，その期待値 $E[I] = 0$，分散 $Var(I) = 1$ とする．a_i と b_i は証券 i の固有のパラメータである．$b_i \neq 0$ であって，$i \neq j$ に対して $b_i \neq b_j$ である．証券 i と j への投資比率をそれぞれ w と $(1 - w)$ とするポートフォリオを考え，このポートフォリオ収益を Z とすれば

$$\begin{aligned}
Z &= wR_i + (1 - w)R_j \\
&= w(a_i + b_i I) + (1 - w)(a_j + b_j I) \\
&= w(a_i - a_j) + a_j + [w(b_i - b_j) + b_j]I
\end{aligned} \tag{5.2}$$

を得る．この式の右辺の第 3 項のみが確率変数 I に依存するので，その係数 $[w(b_i - b_j) + b_j]$ が 0 となるようにポートフォリオを選べば，(5.2) 式は無リスクになる．すなわち，$w = b_j/(b_j - b_i)$ とすれば，このときのポートフォリオ収益 Z は無リスクとなるので $Z = \bar{z}$（確定値）とおく．確定的な収益を r_0 とおけば，裁定機会の無存在の条件より $E[Z] = \bar{z} = r_0$ である．(5.2) 式に $w = b_j/(b_j - b_i)$ と $E[Z] = r_0$ を代入すれば

$$r_0 = \frac{b_j}{b_j - b_i}(a_i - a_j) + a_j$$

を得る．これを整理すれば，すべての i と j に対して

$$\frac{a_i - r_0}{b_i} = \frac{a_j - r_0}{b_j}$$

が成立するので，この比率は証券 i に依存しない．すなわち

$$\frac{a_i - r_0}{b_i} = \frac{a_j - r_0}{b_j} = \lambda \tag{5.3}$$

となる定数 λ が存在する．この定数 λ を**因子リスクプレミアム**と呼ぶ．さらに，(5.1) 式の両辺の期待値をとれば

$$E[R_i] = a_i + b_i E[I] = a_i$$

である．したがって，(5.3) 式より

$$E[R_i] = r_0 + \frac{a_j - r_0}{b_j} b_i \tag{5.4}$$

を得る．b_i は確率変数 I の係数であり

$$Var(R_i) = Var(a_i + b_i I) = b_i^2$$

であるから，その標準偏差 $\sigma_i = \sqrt{Var(R_i)} = b_i$ をリスク尺度とすれば，$(a_j - r_0)/b_j$ は証券 j のリスク 1 単位あたりの超過収益を表す．したがって，(5.4) 式は，証券 i の期待収益は無リスク収益 r_0 と自らのリスク b_i を証券 j のリスク調整後の超過収益との和で書けることを表している．

この一因子モデルを次のように拡張しよう．すなわち，証券 i の収益 R_i は

$$R_i = a_i + b_i I + \epsilon_i, \quad i = 1, 2, \cdots, n \tag{5.5}$$

で与えられるとする．ここで I はすべての証券に共通する因子であったのに対して，各証券ごとの固有の因子 ϵ_i が追加されている．さらに，$E[I] = E[\epsilon_i] = 0$，共分散 $Cov(\epsilon_i, I) = E[\epsilon_i I] = 0$，$Var(\epsilon_i) = E[\epsilon_i^2] = s_i^2$，$i \neq j$ に対して $Cov(\epsilon_i, \epsilon_j) = E[\epsilon_i \epsilon_j] = 0$ と仮定する．証券 i への投資比率を x_i として，ポートフォリオ $x = (x_1, x_2, \cdots, x_n)^T$ の収益を R_x とすれば

$$\begin{aligned}
R_x &= \sum_{i=1}^{n} x_i R_i \\
&= \sum_{i=1}^{n} x_i (a_i + b_i I + \epsilon_i) \\
&= \sum_{i=1}^{n} x_i a_i + \left(\sum_{i=1}^{n} x_i b_i \right) I + \sum_{i=1}^{n} x_i \epsilon_i \\
&\equiv a + bI + \epsilon
\end{aligned} \tag{5.6}$$

となる．ただし，$a = \sum_{i=1}^{n} x_i a_i$，$b = \sum_{i=1}^{n} x_i b_i$，$\epsilon = \sum_{i=1}^{n} x_i \epsilon_i$ である．(5.6) 式の個別リスクからなる非市場リスク $\epsilon = \sum_{i=1}^{n} x_i \epsilon_i$ をどのように除去できるであろうか．もし非市場リスクを除去できれば，(5.5) 式または (5.6) 式は市場リスク I のみに依存して，一因子モデルに退化させることが可能となる．証券の

数 n を十分に大きいと仮定し，$w_i = nx_i$ とすれば，任意の定数 c に対してチェビシェフの不等式より

$$P\{|\epsilon| > c\} \leq \frac{1}{c^2}E[\epsilon^2] = \frac{1}{c^2}E\left[\sum_{i=1}^{n}x_i^2\epsilon_i^2\right] = \frac{1}{c^2}\sum_{i=1}^{n}x_i^2 s_i^2 = \frac{1}{n^2c^2}\sum_{i=1}^{n}w_i^2 s_i^2$$
$$\leq \frac{1}{n^2c^2}\max_i\{s_i^2\}\sum_{i=1}^{n}w_i^2$$
$$\leq \frac{1}{nc^2}\bar{w}^2\max_i\{s_i^2\} \tag{5.7}$$

が成立する．ここで $|w_i| < \bar{w} < \infty$ となる $\bar{w}$ が存在すると仮定する．任意の c に対して $n \to \infty$ のとき $P\{|\bar{\epsilon}| > c\} \to 0$ となるので (5.6) 式は，n が十分に大きいとき漸近的に

$$R_x = a + bI \tag{5.8}$$

となる．証券の数 n を十分に大きいとすれば，ポートフォリオ収益は共通因子 I である市場リスクにのみ依存し，個別証券のリスク因子 ϵ_i に依存する非市場リスクを消去することが可能となった．$w_i = nx_i$ の変数変換が十分に大きい n に対して意味をもつためには，n の増加の程度に応じて x_i の値が減少し，さらに $|w_i| < \bar{w}$ となる有限な $\bar{w}$ が依存しなければならない．すなわち，w_i は有界である．さらに固有リスク s_i もまた有界でなければならない．n が十分に大きいとき (5.8) 式を満たすような裁定ポートフォリオ x^* が存在するならば，(5.8) 式の両辺の期待値をとれば

$$E[R_{x^*}] = a^* + b^*E[I] = a^* \tag{5.9}$$

を得る．ここで $a^* = \sum_{i=1}^{n}a_i x_i^*$，$b^* = \sum_{i=1}^{n}b_i x_i^*$ である．$\sum_{i=1}^{n}x_i^* = 1$ であるので

$$0 = a^* - r_0 - (a^* - r_0)$$
$$= \sum_{i=1}^{n}a_i x_i^* - r_0\sum_{i=1}^{n}x_i^* - b^*\frac{a^* - r_0}{b^*}$$
$$= \sum_{i=1}^{n}x_i^*\left((a_i - r_0) - \frac{b_i}{b^*}(a^* - r_0)\right)$$

となる関係が恒等的に成立する．(5.9) 式より $a^* = E[R_{x^*}]$ であり，$a_i = E[R_i]$ であるから上式は

$$\sum_{i=1}^{n} x_i^* \left\{ E[R_i] - r_0 - \frac{b_i}{b^*}(E[R_{x^*}] - r_0) \right\} = 0 \tag{5.10}$$

と書き直される．n が十分に大きいならば，(5.10) 式はすべての $x_i^* = (x_1^*, x_2^*, \cdots, x_n^*)^T$ について恒等的に成立しなければならないので，すべての i について

$$E[R_i] - r_0 = \frac{b_i}{b^*}(E[R_{x^*}] - r_0) \tag{5.11}$$

が成立する．十分に大きい n に対して (5.7) 式の不等式が成立するポートフォリオ x^* として市場ポートフォリオ M を選べば，(5.11) 式は

$$E[R_i] - r_0 = \frac{b_i}{b_M}(E[R_M] - r_0) \tag{5.12}$$

となる．ここで $b_M = \sum_{i=1}^{n} x_i^M b_i$ であり，$E[R_M] = \sum_{i=1}^{n} a_i x_i^M$ である．b_i は市場における共通のリスク因子 I の係数であるので b_i を $Cov(R_i, R_M)$ によって，b_M を $\sqrt{Var(R_M)}$ でそれぞれ置き換えれば，

$$E[R_i] - r_0 = \frac{Cov(R_i, R_M)}{\sqrt{Var(R_M)}}(E[R_M] - r_0) = \beta_i(E[R_M] - r_0) \tag{5.13}$$

を得る．ここで $\beta_i = Cov(R_i, R_M)/\sqrt{Var(R_M)}$ である．(5.13) 式は前章で説明した CAPM の公式 (4.3) 式または (4.17) 式と同様の関係式である．個別証券のリスクを消去するような形で裁定ポートフォリオを選択し，不等式 (5.7) が成立する程度十分に分散化されたポートフォリオを選ぶことができるならば，無リスク収益を差し引いたリスク証券の期待収益は市場リスク β_i を係数とする市場ポートフォリオの超過収益の期待値に比例する．CAPM の主張と同様の命題が線形因子モデルにおいても成立することがわかる．

5.2　APT

　裁定評価理論 (APT) は，前節で述べた線形因子モデルに依拠している．CAPM への批判に応える資産評価モデルとして Ross (1976) が提唱したモデル

である．裁定取引とは，異なる2つの市場において同一の金融商品が異なる2つの価格で同時に売買されることである．裁定取引業者は1つの市場でより安い商品を買い，同時に別の市場でより高い価格で売ることによって，リスクのない裁定利潤を得る．APT はそのような裁定利潤の存在を許さないように資産価格が決定されることを提示しているモデルである．資産価格が過大評価されている市場において，空売りという取引によって過少評価されている市場で購入するならば，無リスクな裁定利潤を得る機会が存在する．このように過大評価または過小評価された資産価格は，いずれ市場メカニズムによって修正される．裁定利潤は短期的には存在したとしても，無制限な空売り取引によって裁定利潤の永続的存在を駆逐すべく誤った資産価格を資本市場は修正する．金融商品については同一の商品の意味をもう少し詳しく説明する必要がある．複数の金融商品を1つのパッケージとして生成し，その期待収益がある金融商品の利得と同一でありながら，この2つの金融商品が異なる価格で評価される場合がある．複数の金融商品を組合せて1つの仕組商品 (structured product) をどのような手段で組成したとしても，リスクとリターンが同一の金融商品は同一の価格が形成されるというのが「一物一価 (law of one price)」の原則である．もしある資産の利得が複数の資産のパッケージによって生成されるならば，パッケージの価格と複製された資産の価格は同一でなければならない．パッケージ商品の価格が同一の利得をもたらす単一商品の価格と異なるならば，合理的な投資家はこの裁定機会を利用してこの2つの商品の取引から裁定利潤を得ることになる．APT による資産評価モデルは，金融投資によってこのような裁定取引の発生を容認しないように市場での価格形成メカニズムが働くことを仮定する．

APT は CAPM とは違った仮定に基づく資本市場での証券価格形成モデルである．CAPM では投資家の投資判断の基準と収益について強い仮定 (第4章4.1) を設けた．APT では証券 i の収益率は次のような線形構造をもつ式によって生成されると仮定する．

$$R_i = \sum_{k=0}^{K} \beta_{ik} F_k + \epsilon_i, \quad i = 1, 2, \cdots, n, \tag{5.14}$$

ここで F_k は k 個の市場に共通のリスク因子であり，ϵ_i は証券 i 固有のリスク因子（非市場リスク）である．一般性を失うことなく $E[\epsilon_i] = 0$ と仮定するこ

とができる．ただし，F_0 は 1 と仮定し，F_0 以外の他のすべての因子の期待値 $E[F_k] = 0$ と仮定する．証券固有の因子は互いに独立であり，市場の共通因子からも独立であると仮定する．共通の因子は互いに相関をもち，それぞれ異なる分散をもつと仮定する．(5.14) 式によって与えられる証券の収益率の生成式は 5.1 節の多因子線形モデルと類似の線形構造を有している．APT においてそれぞれの因子が何を表しているかを明示する必要はなく，直接的には観察可能である必要もない．すなわち，APT では，証券の収益率が市場のどのような共通因子および何個の共通因子によって記述されるべきであるかについて何も教えてくれないが，証券の収益率の生成構造が線形であるという基本的な考え方に基づいている．例えば，運送会社 i の収益率は短期利子率 F_1，長期利子率 F_2，石油価格の変化率 F_3 および消費指数の変化率 F_4 という 4 つの共通因子と運送会社 i の固有因子 ϵ_i とによって記述されると仮定しよう．各因子の平均値の部分を差し引いておけば 4 つの共通因子の期待値は 0 となるので

$$R_i = \beta_{i0} + \beta_{i1}F_1 + \beta_{i2}F_2 + \beta_{i3}F_3 + \beta_{i4}F_4 + \epsilon_i$$

を得る．

このように CAPM とは異なり，APT は収益を生成する関数を特定化することから始まる．各証券の収益率が (5.14) 式によって生成されるならば，n 個の証券からなるポートフォリオ $x = (x_1, x_2, \cdots, x_n)^T$ の収益率 R_x は

$$R_x = \sum_{i=1}^{n} R_i x_i = \sum_{k=0}^{K} \left(\sum_{i=1}^{n} x_i \beta_{ik} \right) F_k + \sum_{i=1}^{n} x_i \epsilon_i \tag{5.15}$$

によって生成される．証券の数 n が十分に大きいならば，5.1 節の議論によって非市場リスクである $\sum_{i=1}^{n} x_i \epsilon_i$ は近似的に 0 となる．この近似値が 0 になるための条件については 5.1 節で既に述べた．したがって，ポートフォリオ収益率は市場に共通の因子のポートフォリオによる加重和に等しい．$F_0 = 1$ であるので，(5.15) 式は

$$R_x = \sum_{i=1}^{n} x_i \beta_{i0} + \sum_{k=1}^{K} \left(\sum_{i=1}^{n} x_i \beta_{ik} \right) F_k = a_x + \sum_{k=1}^{K} \beta_{xk} F_k \tag{5.16}$$

となる．ここで $a_x = \sum_{i=1}^{n} x_i \beta_{i0}$，$\beta_{xk} = \sum_{i=1}^{n} x_i \beta_{ik}$ である．$E[F_k] = 0$ であるから，ポートフォリオ収益率の期待値は $E[R_x] = a_x$ であり，その分散 σ_x^2 は

$\sigma_x^2 = \sum_k \beta_{xk}^2 \sigma_k^2$ である. ここで σ_k^2 は因子 F_k の分散である. リスク尺度をポートフォリオ収益率の標準偏差としよう. ポートフォリオ x と同一のリスクをもつ別のポートフォリオ $y = (y_1, y_2, \cdots, y_n)^T$ を構成できたと仮定しよう. 同様にして (5.16) 式よりポートフォリオ y の収益率は

$$R_y = \sum_{k=0}^{K} \left(\sum_{i=1}^{n} y_i \beta_{ik} \right) F_k + \sum_{i=1}^{n} y_i \epsilon_i \tag{5.17}$$

となり, 固有証券による非市場リスク $\sum_{i=1}^{n} y_i \epsilon_i$ は n が十分に大きいとき 0 で近似できる. また $a_y = \sum_{i=1}^{n} y_i \beta_{i0}$ であり

$$\beta_{yk} = \sum_{i=1}^{n} y_i \beta_{ik} = \sum_{i=1}^{n} x_i \beta_{ik} = \beta_{xk} \tag{5.18}$$

と仮定しよう. もし $a_y = \sum_{i=1}^{n} y_i \beta_{i0}$ が $a_x = \sum_{i=1}^{n} x_i \beta_{i0}$ よりも大ならば, ポートフォリオ x を空売りし, ポートフォリオ y を購入することによって裁定利潤をもたらす裁定ポートフォリオを構成することが可能となる. このことは, ポートフォリオ x を購入するに必要な資金を無リスク利子率で借り入れし, ポートフォリオ x による収益を期末（例えば 1 年後）に返却することを約束し, この借入資金でポートフォリオ y を購入することによって可能である. この 2 つのポートフォリオは (5.18) 式により同じリスクをもち, 完全に相関している. ポートフォリオ x の収益が下落すればポートフォリオ y も下落し, 上昇する場合も同様である. ところが, もしポートフォリオ y がポートフォリオ x よりも高い収益をもたらすならば, 無リスクで裁定利潤を生み出すことになる. 無リスク利子率で無制限に資金を借り入れることが可能ならば, このような裁定利潤を生み出す市場に投資家が次々と参入してくることになる. したがって, 市場に裁定機会が永続的に存在し続けることは不可能である. 結論として, 均衡においては同一のリスクをもつすべてのポートフォリオは同一の期待収益率をもつことになる. 裁定機会が市場から消滅するまで裁定取引が継続されるので, 無リスクな超過収益の機会は存在しないという考え方が APT の基本的なメッセージである.

　ポートフォリオ x を購入し, ポートフォリオ y を空売りするという取引は何らかの追加的な収益をもたらさないので, ポートフォリオ x と y からなるポー

トフォリオはそれ自身の収益は 0 である．すなわち，$\sum_{i=1}^{n} x_i = \sum_{i=1}^{n} y_i = 1$ より次式が成立する．

$$\sum_{i=1}^{n}(x_i - y_i)1 = 0 \tag{5.19}$$

さらに $\sum_{i=1}^{n} x_i \beta_{i0} - \sum_{i=1}^{n} y_i \beta_{i0} = 0$ より

$$\sum_{i=1}^{n}(x_i - y_i)\beta_{i0} = 0 \tag{5.20}$$

となり，(5.18) 式の $\sum_{i=1}^{n} x_i \beta_{ik} = \sum_{i=1}^{n} y_i \beta_{ik}$ より

$$\sum_{i=1}^{n}(x_i - y_i)\beta_{ik} = 0, \quad k = 1, 2, \cdots, K \tag{5.21}$$

を得る．2 つのポートフォリオの差のポートフォリオ $x - y = (x_1 - y_1, x_2 - y_2, \cdots, x_n - y_n)^T$ はセルフ・ファイナンスによるゼロ投資のポートフォリオである．(5.19) 式は 1 の加重平均であり，(5.20) 式は期待収益 β_{i0} の加重平均である．さらに (5.21) 式はリスク因子の係数 β_{ik} の加重平均である．それらがすべて 0 ということであるから，β_{i0} は β_{ik} と定数の一次結合によって表現可能である．すなわち

$$\beta_{i0} = \lambda_0 + \lambda_1 \beta_{i1} + \lambda_2 \beta_{i2} + \cdots + \lambda_K \beta_{iK} \tag{5.22}$$

となるような $(K + 1)$ 個の要素からなるベクトル $(\lambda_0, \lambda_1, \lambda_2, \cdots, \lambda_K)^T$ が存在する．(5.14) 式において $k = 0$ のとき $F_0 = 1$ と仮定したので，(5.14) 式の両辺の期待値をとれば

$$E[R_i] = \beta_{i0}$$

となるので，(5.22) 式は

$$E[R_i] = \lambda_0 + \sum_{k=1}^{K} \lambda_k \beta_{ik} \tag{5.23}$$

と書ける．リスク因子がすべて 0 ならば，そのときの期待収益率はリスクのないときの収益率であるから，$\lambda_0 = r_0$（無リスク収益率）とみなすことができる．

任意の因子 F_k に関して $\beta_{ik} = 1$ とおいてその他の β_{il} については 0 とすれば $\lambda_k = E[R_k] - r_0$ を得る．したがって，(5.23) 式は

$$E[R_i] = r_0 + \sum_{k=1}^{K} \beta_{ik}(E[R_k] - r_0) \tag{5.24}$$

と書き改められる．APT が仮定するモデルのある十分条件より (5.24) 式の導出を試みよう．その十分条件とは，市場において大数の法則が成立するに十分な数の証券が存在することに加えて，次の条件を満たすセルフ・ファイナンスのポートフォリオ x が形成できることである．

$$\sum_{i=1}^{n} x_i = 0 \tag{5.25}$$

$$\sum_{i=1}^{n} x_i \beta_{ik} = 0, \quad k = 1, 2, \cdots, K \tag{5.26}$$

$$\sum_{i=1}^{n} x_i \epsilon_i \approx 0 \tag{5.27}$$

(5.25) 式はポートフォリオ x が投資資金 0 のセルフ・ファイナンスであること，(5.26) 式はポートフォリオ x とリスク因子 $\beta_k = (\beta_{1k}, \beta_{2k}. \cdots, \beta_{nk})^T$ とが直交（ベクトルの内積が 0）していること，(5.27) 式は n が十分に大きいとき各証券の固有リスクは近似的に除去できることをそれぞれ意味している．(5.26) 式の条件の意味を考えるためにポートフォリオ x の収益の分散を考えよう．各 F_k は独立であり，ϵ_i とも独立であるから

$$
\begin{aligned}
Var(R_x) &= Var\left(\sum_{i=1}^{n} x_i R_i\right) \\
&= Var\left(\sum_{k}\left(\sum_{i=1}^{n} x_i \beta_{ik}\right) F_k + \sum_{i=1}^{n} x_i \epsilon_i\right) \\
&= \sum_{k} Var\left(\left(\sum_{i=1}^{n} x_i \beta_{ik}\right) F_k\right) + Var\left(\sum_{i=1}^{n} x_i \epsilon_i\right) \\
&\approx 0
\end{aligned}
$$

となる．右辺の第 1 項は (5.26) 式より 0 であり，第 2 項は (5.27) 式より近似的に 0 である．分散が近似的に 0 であるポートフォリオの収益は近似的に 0，すな

わち無リスクである．裁定機会の無存在より，無リスクなポートフォリオの収益もまた 0 となるので $R_x = E[\sum_{i=1}^{n} x_i R_i] = 0$，すなわち

$$\sum_{i=1}^{n} x_i E[R_i] = 0 \tag{5.28}$$

を得る．(5.25) 式はポートフォリオ x とベクトル $\mathbf{1} = (1, 1, \cdots, 1)^T$ とが直交していることを，(5.26) 式はポートフォリオとリスク因子の係数ベクトル $\beta_k = (\beta_{1k}, \beta_{2k} \cdots, \beta_{nk})^T$ とが直交していることを，さらに (5.28) 式は各証券の期待収益 $E[R_i]$ が作るベクトルとも直交していることを意味する．したがって，線形代数の定理より，各証券の期待収益が作るベクトルは，要素が 1 であるベクトルとリスク因子が作るベクトル $\beta_k = (\beta_{1k}, \beta_{2k} \cdots, \beta_{nk})^T$ とは一次結合で表現されるので，(5.23) 式と同様の

$$E[R_i] = \lambda_0 + \sum_{k=1}^{K} \lambda_i \beta i_k, \quad i = 1, 2, \cdots, n, \tag{5.29}$$

を得る．前述と同様の論理によって n 個の証券の中から因子の数と同数の証券で構成したポートフォリオ x の期待収益率は

$$\sum_{j=1}^{K} x_j E[R_j] = \sum_{j=1}^{K} x_j \left(\lambda_0 + \sum_{k=1}^{K} \lambda_j \beta_{jk} \right)$$
$$= \lambda_0 + \sum_{k=1}^{K} \left(\sum_{j=1}^{K} x_j \beta_{jk} \right) \lambda_k, \quad K < n,$$

となる．λ_1 の係数を 1，$k \geq 2$ に対する λ_k の係数を 0 となるようにポートフォリオ x を選ぶことができるので，そのポートフォリオの期待収益率を r_1 とすれば

$$r_1 = r_0 + \lambda_1 \tag{5.30}$$

となる．同様に λ_k の係数 $\sum_{j=1}^{K} x_j \beta_{jk}$ を 1 とおいて，その他の係数 $\sum_{j=1}^{K} x_j \beta_{jk'}$ を $0(k' \neq k)$ となるようにポートフォリオを設定すれば，このときのポートフォリオの期待収益率 r_k は

$$r_k = r_0 + \lambda_k \tag{5.31}$$

となる．(5.30) 式と (5.31) 式を (5.29) 式に代入して書き換えれば，APT の公式

$$E[R_i] - r_0 = \sum_{k=1}^{K} \beta_{ik}(r_k - r_0) \tag{5.32}$$

を得る．(5.32) 式の右辺の $r_k - r_0$ は，k 番目の市場リスク因子の超過収益であり，市場リスクに対するリスク・プレミアムとみなすことができる．(5.32) 式で表現される APT は，各証券の超過収益率の期待値はそのような市場リスクのプレミアムのリスク因子による加重和であると主張している．

5.3 APT と CAPM との関係

(5.32) 式で与えられる APT の公式は，次のように説明できる．もし各証券の固有リスクを消去することができるに十分な数からなるセルフ・ポートフォリオを組成することができるならば，各証券の期待収益率は，その証券の収益の形成に影響を与える因子と各証券に共通のリスク・プレミアムの積和で与えられる．APT では，投資家はリスク証券の収益に影響を与えるすべてのリスク因子 β_{ik} に対してリスク・プレミアムを要求し，そのリスク・プレミアムは $r_k - r_0$ として評価すると述べている．一方，CAPM では，投資家は固有リスクを消去できないので，このようなリスク・プレミアムを受け取ることはできない．すなわち，市場ポートフォリオと各証券との相関関係に依存するリスク $Cov(R_i, R_M)$ が存在する．しかし，もし APT における唯一のリスク因子が市場リスクならば，APT は CAPM に退化する．この意味で，CAPM は APT の特別な場合とみなすことができる．CAPM の公式 (4.3) 式と APT の公式 (5.32) 式とはよく似ている．CAPM では市場ポートフォリオとの各証券の市場リスクはシステミック・リスクであり，APT ではそのシステミック・リスクが何であるかを明示的に言及しない．APT の理論上の利点として第 1 に投資家の効用関数について何ら仮定していないのに対して，CAPM は投資家のリスク選好について強い仮定（平均と分散に基づく）を課している．第 2 に APT では証券の収益についての確率分布についてほとんど制約を課していない．第 3 に APT は真の市場ポートフォリオの存在を前提としない．したがって，その市場ポートフォリオが効率的フロンティアに位置することを仮定しない．さらに，実証研究の観点から

APT は CAPM よりも検証力が高い.

　株式収益率に関する過去のデータ,クロス・セッションデータは,そのまま統計的因子分析に使用することができる.因子分析の目的は,観察された株式収益率を説明する上で最も適した因子は何かを抽出してくれ,これらの互いに独立な因子の線形結合として統計的モデルを利用することが可能である.さらに,株式収益率の分散を最もよく説明する因子を抽出するのに統計的分析を適用することができる.CAPM における市場ポートフォリオの特定化や市場ポートフォリオの収益と個別証券の収益との共分散を実証的に検証するよりも遥かに APT の因子モデルを用いて実証研究する方が容易である.しかし,APT の公式が,将来の期待収益率が満足すべき関係式とする均衡での評価式とするならば,過去のデータに依存する因子モデルは必ずしも適正な統計モデルではない.なぜなら,ここでの期待収益率は過去のデータではなく投資家の将来予想としての期待値であるからである.APT は実証的には汎用性の高い証券の期待収益率の評価モデルであるが,証券ごとに因子を特定化する必要があり,APT 自身が採用すべき因子を示唆してくれるわけではない.前述したように,過去の時系列データの解析から証券ごとに因子を抽出するか,またはいくつの因子の中から実証的に支持される因子を特定化するかである.

　以上のように APT と CAPM の導出方法と設定した仮定は相互に異なる.しかし,両者は互いに矛盾する評価モデルではなく,CAPM が APT の特別な場合であることを次に述べよう.APT の最も単純な場合は,証券 i の収益が次のような唯一つの因子 R_M から生成される場合である.

$$R_i = a_i + \beta_i R_M + \epsilon_i \tag{5.33}$$

ここで,R_M は市場ポートフォリオの収益である.もし収益が唯一つの指数によって生成され,この指数が市場ポートフォリオの収益であって無リスク利子率が r_0 であるならば,APT によってその期待収益は

$$E[R_i] = r_0 + \beta_i(E[R_M] - r_0) \tag{5.34}$$

となる.

　証券 i の収益が 2 つの因子 I_1 と I_2 によって生成されるとしよう.すなわち

$$R_i = a_i + \beta_{i1} I_1 + \beta_{i2} I_2 + \epsilon_i \tag{5.35}$$

もし証券間の相関関係はこの 2 つの因子 I_1 と I_2 によってすべて反映されているとすれば，証券間の共分散は $Cov(\epsilon_i, \epsilon_j) = E[\epsilon_i \epsilon_j] = 0 \ (i \neq j)$ と仮定することができる．2 因子をもつ APT の関係式 (5.29) 式より，証券 i の期待収益は

$$E[R_i] = r_0 + \beta_{i1}\lambda_1 + \beta_{i2}\lambda_2 \tag{5.36}$$

となる．CAPM の公式もまたすべての証券とポートフォリオに対して成立している．因子としての指数がポートフォリオによって表現できると仮定すれば，λ_1 をポートフォリオ x_1 の指数 1 の係数 b_1 をもつ超過収益とし，λ_2 を指数 2 の係数 b_2 をもつ超過収益としよう．もし CAPM が成立するならば，λ_1 と λ_2 の収益（CAPM の意味での均衡では）はそれぞれ

$$\lambda_1 = b_1(E[R_m] - r_0)$$
$$\lambda_2 = b_2(E[R_m] - r_0)$$

で与えられる．この λ_1 と λ_2 を (5.36) 式に代入すれば

$$E[R_i] = r_0 + \beta_{i1}b_1(E[R_m] - r_0) + \beta_{i2}b_2(E[R_m] - r_0)$$
$$= r_0 + (\beta_{i1}b_1 + \beta_{i2}b_2)(E[R_m] - r_0)$$

を得る．ここで $\beta_i \equiv \beta_{i1}b_1 + \beta_{i2}b_2$ とおけば，上式は

$$E[R_i] = r_0 + \beta_i(E[R_m] - r_0) \tag{5.37}$$

となって，CAPM の関係式 (4.3) 式と完全な整合性をもつ．すなわち，λ_i が $b_i(E[R_m] - r_0)$ と大きく異なることがないならば，APT の実証結果もまた CAPM のそれと整合性をもつことになる．

演習問題

問題 5.1 3 つの証券があって，その価格と利得は次の表の通りである．

表

証券	価格	状態 1 の利得	状態 2 の利得
A	70	50	100
B	60	30	120
C	80	38	112

この 3 つの証券は今日，表にある価格で購入可能で，1 年後の状態 1，2 に応じて 2 つの利得のいずれかが実現するとする．証券 A と B からなるポートフォリオは状態 1，2 のいずれが実現しても証券 C と同一の収益をもたらすようにすることができる．

(1) 証券 A，B からなるポートフォリオを $x = (x_A, x_B)^T$ とし，証券 C と同じの収益が得られるようにポートフォリオを求め，裁定利潤の機会があることを示しなさい．

(2) 100 万円の資金を証券 A，B に投資して，証券 C を空売りすれば，裁定機会が存在することを示しなさい．

問題 5.2 個々の企業のリスクは無視できる程度に充分小さいと仮定し，3 つの有価証券 A，B，C と単一の共通のリスク因子からなる資本市場を考える．3 つの有価証券のリスクパラメータが 0.6，1.0，1.8 であるとき，裁定機会の無存在は，各有価証券の期待収益がリスクパラメータの一次式で表されることを示しなさい．

問題 5.3 m 個の結果 i に対して賭けの利得を $\theta_i (i = 1, 2, \cdots, m)$ とする．すなわち，賭けの結果 i が出れば利得 θ_i を受け取り，それ以外の結果 $j (j \neq i)$ に対しては賭け金 1 単位を失う．この賭けで確実な利得を得ることができる戦略が存在しないためには，状態が実現する確率 $P_i (i = 1, 2, \cdots, m)$ が満足すべき条件を求めなさい．

問題 5.4 CAPM と比較して APT の長所について述べなさい．

第6章

債券ポートフォリオ

　債券からの収益は発行体の破綻がない限り固定所得であるので，債券からなる
ポートフォリオを**固定所得ポートフォリオ** (fixed income portfolio) と呼ぶが，
本章では**債券ポートフォリオ** (bond portfolio) として論じる．債券は株式と比
較してキャッシュ・フローの変動リスクが小さく，異なる満期をもつ債券からな
る債券ポートフォリオは相対的に中長期的な視点から運用される．

6.1　債券投資

　債券からの投資元金に対する年あたりの収益率は特に**利回り** (yeild) と呼ばれ
る．今日の債券投資は，グローバル市場において異なる国および通貨からなる債
券および**仕組債** (structured bond) を対象としている．高い金利支払いの外貨建
て債券は為替リスクにさらされているので，債券は今日ではローリスク・ローリ
ターン (low risk and low return) の金融商品であるとは限らない．グローバル
市場における債券投資はこのような為替リスクと引き受け国ごとに異なる金利
差を積極的に活用する運用手段となっている．債券には従来の利付債と**割引債**
(discount bond) に加えて今日では様々なリスクとリターンを債券に組み込んだ
仕組債が発行されている．

　債券の額面（償還価格）を F，クーポンを C，満期を T，最終利回りを r とす

117

れば，時点 $t(< T)$，での債券価格 P は，確定的な世界では

$$P = \frac{F + C(T - t)}{1 + r(T - t)} \tag{6.1}$$

で与えられる．$C = 0$ のとき (6.1) 式は

$$P = \frac{F}{1 + r(T - t)} \tag{6.2}$$

となって，割引債の価格である．逆に，現在の価格 P が与えられたとき，この債券の利回り r は (6.1) 式より

$$r = \frac{C + \frac{F - P}{(T - t)}}{P} \tag{6.3}$$

となる．(6.1) 式と (6.3) 式はそれぞれ離散時間での債券価格と利回りであり，両者の関係を説明している．

　次に，連続的な債券価格の変動と利回りの変動について述べよう．**債券のボラティリティ**（またはデュレーション，保有期間）は，償還利回りの変動に関する価格感度の 1 つの尺度である．債券価格が上下に変動すれば，利回りは逆向きの上下に変動する．価格の変動と利回りの関係は価格変動によって引き起こされる資本利得（または資本損失）と利子所得に関する個々の債券の特性に依存する．価格変動は時間の経過とともに利回り曲線の変動によって起きる．下落に対応する債券価格の変動は，それほど単純ではない．P を債券価格，r を償還利回りとすれば，ボラティリティ V は

$$V = -\frac{1}{P}\frac{dP}{dr} \tag{6.4}$$

で与えられる．$dP/dr < 0$ であるので，(6.4) 式の右辺のマイナス等号は V が正値をとるようにするためである．(6.4) 式を書き改めれば，債券価格の収益率と利回り r に関する変動との関係は

$$\frac{dP}{P} = -V dr \tag{6.5}$$

となる．

例題 6.1 ボラティリティを離散時間で近似するために利子率の期間構造が表 6.1 にあるように次の 2 つで与えられるとしよう.

表 6.1　利子率の 2 つの期間構造 $(T = 5,\ t = 1, 2, 3, 4, 5.)$

t	$1 + r_{1t}$	$1 + r_{2t}$
1	1.10	1.11
2	1.11	1.12
3	1.12	1.13
4	1.13	1.14
5	1.14	1.15

2 つの期間構造の下で債券価格は,それぞれ

$$P^1 = \frac{10}{1.10} + \frac{10}{(1.11)^2} + \cdots + \frac{10}{(1.14)^5} = 35.652$$

$$P^2 = \frac{10}{1.11} + \frac{10}{(1.12)^2} + \cdots + \frac{10}{(1.15)^5} = 34.804$$

となり,$dr = 0.01$ となるので,ボラティリティ V は (6.4) 式より

$$V = -\frac{(34.804 - 35.652)/35.652}{0.01} = 2.379$$

となる.

6.2　デュレーションとボラティリティ

　ボラティリティは償還利回りの変化に対して個々の債権の価格の変動に対する尺度であった.**デュレーション**は利回り曲線の変化に対する債券価格の感度を表す尺度である.より厳密に表現すれば債券が生成する支払額(クーポンなどのキャッシュ・フロー)の時間に関する加重平均である.

　簡単化のために半年ごとに同額のクーポン C が支払われ,満期が T とすれば $T = 2t$ であり,満期 T では額面 100 単位と仮定する.さらに $\beta \equiv 1/(1+r)$ とする.デュレーション D は

$$D = \frac{\frac{1C\beta}{2} + \frac{2C\beta^2}{2} + \cdots + \frac{2tC\beta^{2t}}{2} + 2t \cdot 100\beta^{2t}}{\frac{C}{2}\beta + \frac{C}{2}\beta^2 + \cdots + \frac{C}{2}\beta^{2t} + 100\beta^{2t}} \tag{6.6}$$

で与えられる. 分母は $(C\beta + C\beta^2 + \cdots + C\beta^{2t} + 200\beta^{2t})/2 = P/2$ であるので, (6.6) 式は

$$D = \frac{1}{P} \left(C\beta + 2C\beta^2 + \cdots + 2tC\beta^{2t} + 2t \cdot 200\beta^{2t} \right) \tag{6.7}$$

となる. 一般的に t_i 期のクーポンを C_{t_i} $(i = 1, 2, \cdots, n)$ とし, F を元金（額面）とすれば, デュレーション D は

$$D = \frac{1}{P} \left(\sum_{i=1}^{n} \beta^{t_i} t_i C_{t_i} + \beta^{t_n} F \right) \tag{6.8}$$

で与えられる. ここで $P = \sum_{t=1}^{T} \beta^{t_i} C_{t_i} + \beta^{t_n} F$ である. このようにデュレーションはクーポン支払額の現在価値の時点に関して和をとり, それを債券の現在価値で割った量である.

　このデュレーション D とボラティリティ V との間には密接な関係があることを見てみよう. $\beta = (1+r)^{-1}$ であるので $\delta = \log(1+r)$ とすれば $\beta = e^{-\delta}$ となる. 第 t_i 期のクーポン C_{t_i} の現在価値は $C_{t_i} e^{-\delta t_i}$ となる. 満期 t_n でのキャッシュ・フロー C_{t_n} をクーポンと額面との和とすれば, (6.8) 式は

$$D = \frac{\sum_{i=1}^{n} t_i C_{t_i} e^{-\delta t_i}}{\sum_{i=1}^{n} C_{t_i} e^{-\delta t_i}} = \frac{\sum_{i=1}^{n} t_i C_{t_i} e^{-\delta t_i}}{P} \tag{6.9}$$

と書くことができる. (6.9) 式の分母である債券価格 $P = \sum_{i=1}^{n} C_{t_i} e^{-\delta t_i}$ を δ に関して微分すれば

$$\frac{dP}{d\delta} = -\sum_{i=1}^{n} t_i C_{t_i} e^{-\delta t_i}$$

となるので (6.9) 式より

$$PD = \sum_{i=1}^{n} t_i C_{t_i} e^{-\delta t_i} = -\frac{dP}{d\delta}$$

となって, デュレーションとボラティリティとの関係式は

$$D = -\frac{1}{P} \frac{dP}{d\delta} = -\frac{1}{P} \frac{dP}{dr} \frac{dr}{d\delta} = (1+r) \left(-\frac{1}{P} \frac{dP}{dr} \right) = (1+r)V \tag{6.10}$$

を得る．ここで最後の等式は (6.4) 式を用いている．また $dr/d\delta = (1 + r)$ である．すなわち D は V の利回りに関して線形の関係にある．この関係をクーポン支払いのない割引債を用いて説明しよう．満期 t の割引債（簡単のために額面 1 単位）の時点 0 での価格を P_0，スポット・レートを r_{0t} とすれば，$P_0 = 1/(1 + r_{0t})^t = (1 + r_{0t})^{-t}$ であるので

$$dP_0 = (-t)(1 + r_{0t})^{-t-1} d(1 + r_{0t}) = (1 + r_{0t})^{-t}(-t)\frac{d(1 + r_{0t})}{(1 + r_{0t})}$$

となる．したがって

$$\frac{dP_0}{P_0} = -t\frac{d(1 + r_{0t})}{1 + r_{0t}}$$

を得る．t 期間のスポット・レートを r_{0t} とし，期間スポット・レート r に等しいと仮定すれば上式は

$$\frac{dP_0}{P_0} = -t\frac{d(1 + r)}{1 + r} \tag{6.11}$$

となる．(6.11) 式はすべての t について成立する．また，クーポンのある債券はクーポンのない割引債の和で表現できるので，P_0^t を満期 t をもつキャッシュ・フローの現在価値とすれば，債券の価格 P は割引債が生成するキャッシュ・フローの現在価値の和に等しいので

$$P = P_0^1 + P_0^2 + \cdots + P_0^T$$

となる．すなわち

$$
\begin{aligned}
\frac{dP}{P} &= \frac{dP_0^1}{P} + \frac{dP_0^2}{P} + \cdots + \frac{dP_0^T}{P} \\
&= \frac{dP_0^1}{P_0^1}\frac{P_0^1}{P} + \frac{dP_0^2}{P_0^2}\frac{P_0^2}{P} + \cdots + \frac{dP_0^T}{P_0^T}\frac{P_0^T}{P} \\
&= \frac{C_1/(1 + r_{01})}{P}(-1)\frac{d(1 + r_{01})}{1 + r_{01}} + \frac{C_2/(1 + r_{02})^2}{P}(-2)\frac{d(1 + r_{02})}{1 + r_{02}} \\
&\qquad + \cdots + \frac{C_T/(1 + r_{0T})^T}{P}(-T)\frac{d(1 + r_{0T})}{1 + r_{0T}} \\
&= \frac{-\sum_{t=1}^{T} tC_t(1 + r_{0t})^{-t}}{P} \cdot \frac{d(1 + r_{0t})}{1 + r_{0t}} = -D\frac{d(1 + r)}{1 + r}
\end{aligned}
$$

である. $d(1+r) = dr$ であるので, 上式は

$$D = -(1+r)\frac{1}{P}\frac{dP}{dr}$$

となって (6.10) 式に一致する. また (6.4) 式を用いてボラティリティ V で表現すれば

$$D = (1+r)V$$

となって (6.10) 式を得る. デュレーション D は利回り曲線の変化に対する債券価格の感度を表現している. ここでは, 利回り曲線の変化はスポット・レートの変化率と毎期同一と仮定した. しかし, 利回り曲線は一定である必要はなく, 変動してもよいが変動率は毎期同一と仮定した. デュレーションの尺度として別の尺度を採用することも可能である. 例えば, 短期と長期のスポット・レートは互いに独立に変動すると仮定することも可能である. この場合, それぞれのスポット・レートに対してデュレーションを計算することができる.

6.3　イミュナイゼーション

イミュナイゼーション (immunization) とは金利のスポット・レートの変動に対して免疫 (immunized) されることを意味し, 債券ポートフォリオの運用手法の 1 つである. その手法の利点の 1 つは, 利回り曲線の変化を事前に織込んで運用できることであり, 債券の償還期間と運用期間とを連動した債券運用が可能となることである. イミュナイゼーションは前節で説明したデュレーションの概念と密接に関連している. はじめに債券価格 $P(r)$ を利子率 r の関数とみなして $P(r)$ の r に関する凸性について議論しよう.

$P(r)$ を r に関してテーラー展開すれば

$$P(r+\Delta) = P(r) + \frac{P'(r)}{1}\Delta + \frac{P''(r)}{2!}\Delta^2 + o(\Delta) \tag{6.12}$$

であり, 債券価格 $P(r)$ は

$$P(r) = \sum_{t=1}^{T}\frac{C_t}{(1+r)^t} \tag{6.13}$$

であるので，これを r に関して微分すれば

$$P'(r) = \sum_{t=1}^{T} (-t)C_t(1+r)^{-t-1} = -\sum_{t=1}^{T} \frac{tC_t}{(1+r)^t} \cdot \frac{1}{1+r} \tag{6.14}$$

を得る．2 階の導関数を求めれば

$$P''(r) = \sum_{t=1}^{T} t(t+1)C_t(1+r)^{-t-2} = \sum_{t=1}^{T} \frac{t(t+1)C_t}{(1+r)^t} \cdot \frac{1}{(1+r)^2} \tag{6.15}$$

を得る．$C_t \geq 0$ に対して $P''(r) \geq 0$ となって $P(r)$ は r に関して下に凸である．利子率 r の変化による債券の収益率は，(6.12) 式，(6.13) 式，(6.14) 式および (6.15) 式より

$$R_\Delta(r) = \frac{P(r+\Delta) - P(r)}{P(r)} \tag{6.16}$$

$$= -\frac{1}{P(r)} \left[\sum_{t=1}^{T} \frac{tC_t}{(1+r)^t} \right] \frac{\Delta}{1+r} + \frac{1}{2P(r)} \sum_{t=1}^{T} \frac{t(t+1)C_t}{(1+r)^t} \left(\frac{\Delta}{1+r} \right)^2$$

となり，$\Delta_i = (\Delta/(1+r))^i$, $i = 1, 2$, $C = \frac{1}{2P(r)} \sum_{t=1}^{T} \frac{t(t+1)C_t}{(1+r)^t}$ とおけば，デュレーションの (6.9) 式より，(6.16) 式は

$$R_\Delta(r) = -D\Delta_1 + C\Delta_2 \tag{6.17}$$

となる．C は $P(r)$ の凸性を示す項である．デュレーション D は，債券の満期，クーポン C_t および利子率 r に依存して決まる．この関係を見るために D の感度分析を行おう．(1) もしクーポンが増加すれば，当期のキャッシュ・フローの価値は後半のキャッシュ・フローの現在価値に比例して増加する．このことは初期のキャッシュ・フローの重みを増加させ，デュレーションを小さくする．(2) 利子率が増加すれば，直近のキャッシュ・フローと比べてより将来のキャッシュ・フローの現在価値は小さくなる．したがって，直近のキャッシュ・フローの重みがより大きくなれば，デュレーションはより小さくなる．(3) 一般に満期が長くなればデュレーションもまた長くなる．

例題 6.2 5 年満期の額面 100 万円の割引債を考えよう．この割引債の価格は，利子率 10% のとき $\frac{100}{1.10^5} = 62.092$（万円）である．もし利子率が 12.2% に上昇

したならば，この割引債の価格は $\frac{100}{(1.122)^5} = 56.239$（万円）である．したがって，利子率が 10% から 12.2% に上昇したことによって割引債の価格の変化率（収益率）は

$$\frac{56.239 - 62.092}{62.092} = -0.094$$

すなわち，9.4% 下落した．債券のデュレーションは 5 年であり，$\Delta_1 = \frac{\Delta}{1+r} = \frac{0.022}{1.10} = 0.02$，$\Delta_2 = \left(\frac{\Delta}{1+r}\right)^2 = 0.02^2$ である．$C = \frac{1}{2 \times 62.092} \times \frac{5 \times 6 \times 100}{1.10^5} = 1.5$ であるので，(6.17) 式の $R_\Delta(r)$ は

$$R_\Delta(0.10) = -5 \times 0.02 + 1.5 \times 0.02^2 = -0.10 + 0.0006$$
$$= -0.0994$$

となって，-9.94% である．もし債券のデュレーションのみを用いて債券の予想収益率を計算すれば

$$R_\Delta(r) = -D\Delta_1 = -5 \times 0.02$$
$$= -0.10$$

となる．より収益率を正確に予測するためには (6.17) 式を用いて $P(r)$ の凸性を取り込んだ -9.94% がより正確な収益率の予測値となる．(6.12) 式は $P(r)$ の 2 階の導関数までの近似式である．この近似式を図示したものが図 6.1 である．

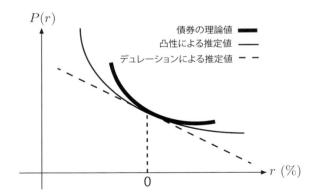

図 6.1　デュレーションによる債券価格の関数

横軸は利子率の変化を表し，縦軸は債券価格を表している．年 1 回 10% の
クーポン支払い，満期 8 年の債券価格がデュレーション（点線の直線）によって
推定した場合とデュレーションおよび凸性によって推定した場合についてそれ
ぞれ描いてある．図 6.1 よりデュレーションのみによる推定値とデュレーション
に凸性の項を加えた推定値との誤差がわかる．利子率の小さな変動，すなわち利
回り曲線の小さな変化に対してデュレーションは充分に良い近似値を与えるが，
利回りとの大きな変動は凸性の項を加味する必要性を示している．このように
凸性の項の追加は，利子率の変化すなわち期間構造の変動に対してより良い防御
の役割を果たしている．

　利子率の変動に対する防御手段としてのイミュナイゼーション（免疫）はどの
ように働くかを述べよう．イミュナイゼーションとは，資産のデュレーションと
負債のデュレーションを一致させることによって利子率の変動からの影響を除
去することである．デュレーションは，利子率の変化に対する債券（ポートフォ
リオ）の感応度を測る尺度であった．したがって，もしデュレーションが利子率
の変動に対する感応度の適正な尺度ならば，期間構造の変動は資産と負債の現在
価値に対してもそれぞれ同じ影響を与える．将来の支払義務を満足するための
デュレーションの効果は資産と負債に対しても同様である．もし利子率が上が
れば，資産と負債のそれぞれの現在価値は同じだけ下がる．もし利子率が下が
れば，資産と負債の価値は同じだけ上がる．例えば，5 年満期の 100 万円の負債
を考えよう．この負債への支払義務を満たすために 5 年満期の債券を購入した
ならば，満期では額面 100 万円の支払義務は確実に果たすことができる．しか
し，クーポンの投資効率については不確実である．もし利子率が上昇すれば，満
期までに受け取ったクーポンはより大きな利子率で再投資されクーポン総額の
価値はより大きくなるが，利子率の上昇は債券価格の減少をもたらす．クーポン
の価値と債券の価値は互いに逆の効果をもたらす．もし金利が下落すれば，受け
取ったクーポンは再投資され満期でのクーポン支払額の価値は下落する．しか
し，債券価格は利子率の下落によって上昇するので，利子率の影響を互いに相殺
するように適切な満期をもつ債券を選ぶことができる．この場合，債券投資から
の受取額は予想より小さくなるので支払義務を満たすことができない可能性が
ある．イミュナイゼーションは，資産のデュレーションに等しい時期に再投資に

よる収益の変動を債券価格の変動と一致させることによって，金利変動から防御することを意図している．例えば，利子率が現在 11% でクーポン支払いが年間 13.52% としよう．5 年満期の債券を考え，デュレーションを 4 年とすれば，この債券の 4 年目での価値は

$$13.52(1.11)^3 + 13.52(1.11)^2 + 13.52(1.11) + 13.52(1.11)^{-1} = 165.946$$

である．したがって，165 万 9,000 円 × 6 = 995 万 4,000 円 であるから，995 万 4,000 円の負債の支払い義務はこの債券を 6 枚保有することによって相殺することができる．毎年のクーポン率が 13.52% である債券のデュレーションを 4 年とすることによってこのことが可能となったのである．4 年満期の割引債もまた 4 年のデュレーションをもつので，デュレーションに等しい満期の割引債を購入すればよい．4 年満期の割引債の価格は一定値であるので，この割引債と交換できる債券は満期 4 年の割引債と同一の価値をもつ．デュレーションは，利子率の変動に対する感応度の尺度であり，デュレーション単独の近似はより大きな誤差を伴う．2 階の導関数まで含めた凸性の追加が利子率の期間構造の変動に対してより良い防御となる．しかし，凸性とデュレーションの両方を満たす債券ポートフォリオは割高なポートフォリオとなる可能性も高いので，デュレーションと凸性はトレード・オフの関係にある．

6.4　イミュナイズド債券ポートフォリオ

債券ポートフォリオの現在価値を利子率 r の関数として $P_B(r)$ で表し，負債の現在価値を $P_L(r) = \sum_{t=1}^{T} L_t \beta^t$ で表す．それぞれ r に関してテーラー展開し，3 次以上の項を無視すれば，利子率の変動 Δ に対してそれぞれ

$$P_B(r + \Delta) \approx P_B(r) + P_B'(r)\Delta + \frac{1}{2}P_B''(r)\Delta^2 \tag{6.18}$$

$$P_L(r + \Delta) \approx P_L(r) + P_L'(r)\Delta + \frac{1}{2}P_L''(r)\Delta^2 \tag{6.19}$$

を得る．債券ポートフォリオの現在価値と負債の現在価値が等しいと仮定する．すなわち $P_B(r) = P_L(r)$．$\beta = 1/(1+r)$ であり，(6.9) 式より，$\sum_{t=1}^{T} tC_t\beta^t =$

$P(r)D$ であるので

$$P'_B(r) = \sum_{t=1}^{T} tC_t\beta^{t-1} = \beta \sum_{t=1}^{T} tC_t\beta^t = \beta P_B(r)D_B$$

$$P'_L(r) = \sum_{t=1}^{T} tL_t\beta^{t-1} = \beta P_L(r)D_L$$

を得る．ここで D_B と D_L はそれぞれ債券ポートフォリオと負債のデュレーションである．$P_B = P_L$ であるから，もし $D_B = D_L$ ならば，$P'_B(r) = P'_L(r)$ である．$P'_B(r)$ を r でもう一度微分すれば

$$\begin{aligned}
P''_B(r) &= \sum_{t=1}^{T} t(t-1)C_t\beta^{t-2} \\
&= \sum_{t=1}^{T} t^2 C_t\beta^{t-2} - \sum_{t=1}^{T} tC_t\beta^{t-2} \\
&= \beta^2 \sum_{t=1}^{T} t^2 C_t\beta^{t-2} - \beta^2 \sum_{t=1}^{T} tC_t\beta^t \\
&= \beta^2 \sum_{t=1}^{T} t^2 C_t\beta^{t-2} - \beta^2 P_B(r)D_B \tag{6.20}
\end{aligned}$$

同様に $P'_L(r)$ を r で微分すれば

$$\begin{aligned}
P''_L(r) &= \sum_{t=1}^{T} t^2 L_t\beta^{t-2} - \sum_{t=1}^{T} tL_t\beta^{t-2} \\
&= \beta^2 \sum_{t=1}^{T} t^2 L_t\beta^t - \beta^2 P_L(r)D_L \tag{6.21}
\end{aligned}$$

を得る．保有期間としてのデュレーションを確率変数とみなせば，$Var(\hat{T}) = E[\hat{T}^2] - (E(\hat{T}))^2$ であるので，$E(\hat{T})$ を割引された**平均保有期間** (discounted average duration) とすれば，(6.20) 式と (6.21) 式の第 1 項はそれぞれ，保有期間のバラツキを表す．債券ポートフォリオの現在価値と負債の現在価値 $P_B(r)$ とが等しくなるように投資が行われると仮定した．もし $D_B = D_L$ であってかつ $\sum_{t=1}^{T} t^2 C_t\beta^t > \sum_{t=1}^{T} t^2 L_t\beta^t$ ならば，$P''_B(r) > P''_L(r)$ である．(6.18) 式と

(6.19) 式において，この条件の下で

$$P_B(r + \Delta) > P_L(r + \Delta) \tag{6.22}$$

が成立する．すなわち，条件 (1) 債券ポートフォリオの現在価値は負債の現在価値に等しい，条件 (2) 債券ポートフォリオの平均保有期間 D_B は負債の平均保有期間 D_L に等しい，条件 (3) 債券ポートフォリオの割引平均保有期間のバラツキ $P_B''(L)$ が負債の割引平均保有期間 $P_L''(r)$ より大きい，という 3 つの条件が成立するならば，利子率の小さい変動 Δ に対して，債券ポートフォリオの現在価値は負債の現在価値を常に上回る．このことを債券ポートフォリオは利子率の変動に対してイミュナイズされたという．

上述したイミュナイゼーションの考え方は債券の実際の運用に応用されている．利子率の変化に免疫された債券ポートフォリオの構築を考えよう．債券ポートフォリオのデュレーション D は個々の債券のデュレーションの加重平均である．債券の数を N とし，債券 i への投資比率を x_i，債券 i のデュレーションを D_i とし，債券ポートフォリオのデュレーションを D_B とすれば

$$D_B = \sum_{i=1}^{N} x_i D_i \tag{6.23}$$

である．ある特定の値のデュレーション D_B をもった債券ポートフォリオの構成方法は投資比率に応じて様々であることがわかる．

例題 6.3 $D_B = 10$ となるような債券ポートフォリオを構成したいと仮定しよう．$N = 3$ として $D_1 = 6$, $D_2 = 8$, $D_3 = 12$ ならば

$$6x_1 + 8x_2 + 12x_3 = 10, \quad x_1 + x_2 + x_3 = 1$$

を満足する x_1, x_2, x_3, を選べばよい．例えば，$x_1 = 1/6, x_2 = 1/4, x_3 = 7/12$ を選べば，$6(1/6) + 8(1/4) + 12(7/12) = 10$ となるのでデュレーションが 10 年となる債券ポートフォリオは，デュレーション 6 年の債券を 1/6 単位，デュレーション 8 年の債券を 1/4 単位，デュレーション 12 年の債券を 7/12 単位それぞれ保有するポートフォリオである．したがって，負債の保有期間 D_L が 10 年ならば，上述の債券ポートフォリオは負債の支払義務を満たすことになる．このよ

うな債券ポートフォリオの長所の1つは，個々の負債を満足するために個々の債券ポートフォリオを構築する必要がないことである．異なるデュレーションの負債は，異なるデュレーションをもつ債券のポートフォリオを選択することによって満足させられる．

　最後に，イミュナイゼーションの問題点および限界について言及しておこう．第1の問題点はデュレーションは特定の利子率すなわち利回り曲線に対して計算されることに依存する．利子率の小さい変動に対しては免疫されるが，その変動が十分に大きいならば，債券ポートフォリオを再構成し，そのデュレーションも再構成される必要がある．債券と負債のキャッシュ・フローのパターンがそれぞれ別の方向に変われば，債券と負債のそれぞれのデュレーションも乖離することになる．第2の問題点は，時間の経過とともに，あるいは利回り曲線の変化によって当初の債券ポートフォリオが免疫されなくなることである．債券ポートフォリオからのキャッシュ・フローは，債券ポートフォリオのデュレーションが負債のデュレーションに等しくなるように再投資して，ポートフォリオを再構築する．このように債券ポートフォリオを常にイミュナイズするために債券の購入・売却を繰り返すことは取引費用の増大をもたらす．債券スワップは費用が拘る取引であるので，ある時点では債券ポートフォリオはイミュナイズされないことになる．すなわち，債券ポートフォリオをイミュナイズしようとして債券の取り換えを行う前に利子率が大きく変化した場合である．現代ファイナンス理論が教えてくれる命題の1つは，資本市場において"フリー・ランチ"（ただし，裁定機会）は存在しないということである．利回り曲線の傾きが時間とともに変化することによって，このようなフリー・ランチの機会の存在を現実には排除するように働くのである．債券ポートフォリオの運用担当者が将来金利は上昇すると信ずるならば，短期の債券をポートフォリオに組み入れるであろうし，金利が下落すると予想するならば長期の債券を購入しようとするであろう．このとき，債券ポートフォリオの組み換え費用と金利変動による債券価格との間でトレード・オフが発生する．

演習問題

問題 6.1 2 年満期でクーポンが 10% である利回り 6% の債券の価格とデュレーションを計算しなさい.

問題 6.2 利回りが 6% から 3% に変化したときの債券の価格を求めなさい. 利回りが 3% の債券の価格（理論値）を計算しなさい.

問題 6.3 クーポン 10 万円で額面 100 万円の債券の期間構造が次の表で与えられ, 現行の期間構造におけるスポット・レートがそれぞれ 1% 増加したと仮定しよう. このとき, (6.4) 式を適用してボラティリティ V を求めなさい.

期間	i	i'
1	10	11
2	11	12
3	12	13
4	13	14
5	14	15

問題 6.4 イミュナイゼーションは投資戦略としてどんな投資環境の下で有効かを述べ, 凸性との関係を論じなさい.

問題 6.5 額面 100 万円で満期 1 年の債券において半年ごとにクーポンが支払われるとき, 利回りが 10% から 5% に下落する場合の年利クーポン C を求めなさい.

第7章

確率解析の基礎

前章までは，不確実性を確率変数によって表現し，期首と期末からなる1期間モデルを中心に述べた．すなわち，投資家は期末までの価格などを期首において確率的に予想し，ポートフォリオ選択の意思決定を期首において1回だけ行うワンショット・ゲームであった．この章では，第8章以降で取り扱う時間が連続的に推移する投資決定問題としてのオプションなどの新金融商品の評価，リアルオプションによる実物投資の評価理論を理解するに必要な確率解析の基礎について解説する．しかし，この章では確率微分方程式で記述される確率システムや確率解析の直観的な説明に主眼を置いているので，厳密な数学的解説は本シリーズ第1巻の木村 (2011) を参照されたい．

7.1 線形確率微分方程式

任意の時間 t と十分小さい時間幅 h を考え，離散時間モデルの自然な拡張として，時間区間 $[t, t+h]$ におけるシステムの状態 $X(t)$ の変動は

$$X(t+h) - X(t) = A(t)X(t)h + V(t+h) - V(t) \tag{7.1}$$

で与えられるとしよう．ここで，$V(t+h) - V(t)$ は確率増分でその平均は 0 であり，h の幅に拘らず時間に関して独立であると仮定する．増分 h が十分小さいならば，(7.1) 式は $h = dt$ とおけば，次式のような線形確率微分方程式を得る．

$$dX(t) = A(t)X(t)dt + dV \tag{7.2}$$

ここで，$E(dV) = 0$，$Var(dV) = dt$ である．(7.1) 式において，$\{V(t + h) - V(t), V(t + 2h) - V(t + h), \cdots\}$ が独立で同一の正規分布に従うならば，$V(t)$ はウィナー過程またはブラウン運動に従うという．このとき，確率増分の分散は $h = dt$ に比例する．増分の標準偏差は $\sqrt{h}$ に比例する．増分の分散（2次モーメント）が h のオーダー（$o(h)$）であって，h^2 のオーダーでないというこの性質は重要である．すなわち，h が限りなく小さくなっても，分散の項（2次モーメント）が消滅しないことを意味するからである．もし (7.1) 式の $X(t)$ と $V(t)$ がベクトルならば，$X(t)$ の共分散を Σ とすれば

$$\begin{aligned} Cov[V(t + h) - V(t)] &= h\Sigma \\ Cov[dV] &= \Sigma dt \end{aligned} \tag{7.3}$$

となる．

$X(t_0)$ が所与のとき，(7.2) 式の解を求めるために，区間 $[t_0, t]$ を n 個に分割し，$t_0 < t_1 < t_2 < \cdots < t_n = t$ とする．また，分割した小区間は等間隔で h に等しいとして，$h = (t_n - t_0)/n$ とする．

$$\begin{aligned} dX(t_i) &= X(t_i + h) - X(t_i) = X(t_{i+1}) - X(t_i) \\ dV(t_i) &= V(t_{i+1}) - V(t_i) \end{aligned}$$

と定義すると，(7.2) 式は

$$\begin{aligned} X(t_n) &= (1 + A(t_{n-1})h)X(t_{n-1}) + dV(t_{n-1}) \\ &= (1 + A(t_{n-1})h)(1 + A(t_{n-2})h)X(t_{n-2}) \\ &\quad + (1 + A(t_{n-1})h)dV(t_{n-2}) + dV(t_{n-1}) \end{aligned} \tag{7.4}$$

と書ける．$X(t_{n-2})$ に $X(t_{n-3})$ を代入するという手順を繰り返し，状態の推移を

$$\Phi(t_i, t_j) = \begin{cases} \displaystyle\prod_{k=j}^{i-1}(1 + A(t_k)h), & i \geq j + 1 \\ 1, & \text{その他} \end{cases} \tag{7.5}$$

によって定義すると，(7.4) 式は

$$X(t_n) = \Phi(t_n, t_0)X(t_0) + \sum_{j=0}^{n-1} \Phi(t_j, t_{j+1})dV(t_j) \tag{7.6}$$

となる．(7.6) 式は (7.1) 式の解である．(7.5) 式の定義により状態推移は差分方程式

$$
\begin{aligned}
d\Phi(t_i, t_0) &\equiv \Phi(t_{i+1}, t_0) - \Phi(t_i, t_0) \\
&= A(t_i)\Phi(t_i, t_0)h
\end{aligned}
\tag{7.7}
$$

を満たす．(7.6) 式は (7.3) 式において $h \to 0$ としたときの線形確率微分方程式

$$
X(t) = \Phi(t, t_0)X(t_0) + \int_{t_0}^{t} \Phi(t, s) \, dV(s)
\tag{7.8}
$$

に対する1つの発見的解法を提供している．(7.8) 式の積分は確率過程の積分を含んでいるので，確率積分と呼ばれる．後述する伊藤の確率積分に従えば，確率過程 $\{f(t); t \geq 0\}$ の $\{V(t); t \geq 0\}$ に関する確率積分は次の部分和の極限として定義される．すなわち

$$
\int_{t_0}^{t} f(s) \, dV(s) = \lim_{n \to \infty} \sum_{j=1}^{n} f(t_j)\{V(t_{j+1}) - V(t_j)\}
\tag{7.9}
$$

ここで，確率変数の数列 $\{g_n\}$ の収束を2乗平均の意味での収束として定義する．すなわち

$$
\lim_{n \to \infty} E[(g_n - g)^2] = 0 \Leftrightarrow \lim_{n \to \infty} g_n = g
\tag{7.10}
$$

と定義する．確率積分は，期待値と積分とが交換できるという性質をもつ．(7.7) 式より状態の推移 $\Phi(t, t_0)$ は微分方程式

$$
\frac{d\Phi(t, t_0)}{dt} = A(t)\Phi(t, t_0)
\tag{7.11}
$$

を満たす．

$A(t) \equiv A$（一定）のとき，この微分方程式は反復法によって解くことができ

る．すなわち，$t_0 = 0$ とし，$\Phi_0(t, 0), \Phi_1(t, 0), \cdots$ を再帰的に

$$\Phi_0(t, 0) = 1$$

$$\Phi_1(t, 0) = 1 + \int_0^t A\Phi_0(s, 0)\, ds = 1 + At$$

$$\Phi_2(t, 0) = 1 + \int_0^t A\Phi_1(s, 0)\, ds = 1 + At + \frac{A^2 t^2}{2!}$$

$$\vdots$$

$$\Phi_n(t, 0) = 1 + \int_0^t A\Phi_{n-1}(s, 0)\, ds = 1 + At + \frac{A^2 t^2}{2!} + \cdots + \frac{A^n t^n}{n!}$$

と定義する．ここで，$n \to \infty$ とすれば $\Phi_n(t, 0)$ は

$$\lim_{n \to \infty} \Phi_n(t, 0) = 1 + At + \frac{A^2 t^2}{2!} + \cdots + \frac{A^n t^n}{n!} + \cdots = e^{At}$$

に収束するので，(7.11) 式の解は

$$\Phi(t, t_0) = e^{A(t-t_0)}, \quad t \geq t_0 \tag{7.12}$$

である．平均値関数 $E[X(t)]$ は (7.8) 式の両辺の期待値をとることで求められる．$E[dV(s)] = 0$ であり，積分と期待値の交換によって，$X(t_0)$ を所与とすると

$$E[X(t)] = \Phi(t, t_0)X(t_0) \tag{7.13}$$

を得る．また，(7.2) 式の両辺の期待値をとれば

$$E[dX(t)] = A(t)X(t)dt \tag{7.14}$$

となる．

7.2 連続時間の下での動的計画法

投資と消費の最適配分問題はファイナンスにおける経時的モデルの1つである．この節では連続時間の下での動的計画法について説明する．計画期間を有界閉集合 $[0, T]$ で表し，$T(< \infty)$ を満期とする．$X(t)$ を状態変数とし，$Y(t)$ を制

御変数とする．効用関数を $u = u(X(t), Y(t), t)$ $(0 \leq t < T)$ とし，$B(Y(T), T)$ を満期 T での遺産関数としたとき，投資家の目的は期待効用

$$E\left[\int_0^T u(X(t), Y(t), t)\ dt + B(Y(T), T)\ \middle|\ X(0) = x_0\right] \tag{7.15}$$

を最大にするような制御変数の経路 $\{Y(t),\ 0 \leq t \leq T\}$ を選択することである．ここで，$X(t)$ は，制御変数 $Y(t)$ を含む確率微分方程式を満たす．はじめに，離散時間の下での最適化問題を考えよう．$V(X(t), t)$ を時間 t から T までの期待効用の最大値とし，動的計画法の最適性の原理より，$t = T, T-1, \cdots, 1, 0$ に対して

$$V(X(t), t) = \max_{Y(t)} E[u(X(t), Y(t), t) + V(x(t+1), t+1)] \tag{7.16}$$

と書ける．この最適化問題は，$t = T$ から出発して $t = 0$ まで逆向きに解くことで最適解 $\{Y^*(t),\ 0 \leq t \leq T\}$ を得る．(7.16) 式を連続時間に拡張するために，十分小さい時間幅 h に対して (7.16) 式を次のように表す．

$$\begin{aligned}
V(X(t), t) &= \max_{Y(t)} E\left[\int_t^{t+h} u(X(s), Y(s), s)\ ds + V(X(t+h), t+h)\right] \\
&= \max_{Y(t)} \{u(X(t), Y(t), t)h + E[V(X(t+h), t+h)]\} \tag{7.17}
\end{aligned}$$

ここで $dV(t) = V(X(t+h), t+h) - V(X(t), t)$ とおけば，(7.17) 式は

$$V(X(t), t) = \max_{Y(t)} \{u(X(t+h), Y(t+h), t+h) + V(X(t), t) + E[dV(t)]\}$$

と書ける．$h = dt$ とおいて両辺を dt で割れば

$$0 = \max_{Y(t)} \left\{ u(X(t), Y(t), t) + \frac{1}{dt}\ E[dV(t)] \right\} \tag{7.18}$$

を得る．確率微分方程式を満足する確率過程 $\{X(t); t \geq 0\}$ の関数である $V(X(t), t)$ の確率微分 $dV(t)$ を評価することができれば，(7.18) 式を $Y(t)$ に関して解くことができる．$dV(t)$ を評価するために伊藤の微分則について解説する．

7.3 伊藤の微分則

確率過程 $\{Z(t); t \geq 0\}$ が次の性質を満たすとき，$Z(t)$ は**標準ブラウン運動**（または**ウィナー過程**）に従うという (木村 (2011) 第 5 章参照).

(i) $Z(0) = 0$

(ii) $Z(t)$ は独立増分をもつ

(iii) $Z(t)$ は t の連続関数である

(iv) 任意の s と t $(s < t)$ に対して $Z(t) - Z(s)$ は平均 0，分散 $(t - s)$ の正規分布に従う

ブラウン運動 $Z(t)$ 上で，状態変数 $X(t)$ のダイナミクスが確率微分方程式

$$dX(t) = f(X(t), t)dt + g(X(t), t)dZ(t) \tag{7.19}$$

によって記述されるとしよう．もし $f(X(t), t) = a(t)X(t)$, $g(X(t), t) = b(t)X(t)$ ならば，$X(t)$ は幾何ブラウン運動（対数正規過程）に従う．(7.19) 式の解は形式的に

$$X(t) = X(0) + \int_0^t f(X(s), s)\, ds + \int_0^t g(X(s), s)\, dZ(s) \tag{7.20}$$

と書ける．ここで確率変数 $dZ(t)$ に関する確率積分 $\int_0^t g(X(s), s)dZ(s)$ は (7.9)式で定義された．前節の連続時間の下での動的計画法において出現した確率変数の関数 V の変動を評価する必要があることを述べた．状態変数 $X(t)$ と時間 t の関数 $F = F(X(t), t)$ を考えよう．$X(t)$ の実現値 x に関して F は x に関して 2 階連続微分可能で t に関して 1 階微分可能な関数と仮定する．(7.18) 式の dV と同様に，関数 F の確率微分を導出したい．$h = dt$ として関数 F をテーラー展開すれば

$$\begin{aligned} dF &= F(X(t+h), t+h) - F(X(t), t) \\ &= \frac{\partial F}{\partial t}\, dt + \frac{\partial F}{\partial x}\, dx + \frac{1}{2}\frac{\partial^2 F}{\partial x^2}\, (dx)^2 + o(dt) \end{aligned} \tag{7.21}$$

となる．ここで $o(dt)$ は dt より小さいオーダーの項を表す．(7.19) 式を (7.21) 式に代入すれば

$$dF = \left\{ \frac{\partial F}{\partial t} + \frac{\partial F}{\partial x} f \right\} dt + \frac{1}{2} \frac{\partial^2 F}{\partial x^2} g^2 (dZ(t))^2 + f \cdot g dt dZ(t) + \frac{\partial F}{\partial x} g dZ(t) + o(dt)$$

となり，$(dZ(t))^2 = dt$, $dt \cdot dZ(t) = o(dt)$ の性質を用いれば，上式は

$$dF = \left[\frac{\partial F}{\partial t} + \frac{\partial F}{\partial x} f + \frac{1}{2} \frac{\partial^2 F}{\partial x^2} g^2 \right] dt + \frac{\partial F}{\partial x} g dZ(t) \tag{7.22}$$

となる．(7.22) 式を**伊藤の微分則**と呼ぶ．もし (7.19) 式の $X(t)$ がベクトル $X(t) = (X_1(t), X_2(t), \cdots, X_n(t))^T$ ならば，(7.21) 式は

$$dF = \frac{\partial F}{\partial t} dt + \left(\frac{\partial F}{\partial x} \right)^T dX(t) + \frac{1}{2} (dX(t))^T \frac{\partial^2 F}{\partial x \partial x^T} dX(t) + o(dt)$$

となる．F のベクトル x に関する 2 階偏微分を F_{xx} と表現し，$g(X(t), t)dZ(t) = dB(t)$ とすれば

$$(dX(t))^T F_{xx} dX(t) = [g dZ(t)]^T F_{xx} (g dZ(t)) + o(dt)$$
$$= tr(F_{xx} dB (dB)^T) + o(dt)$$

となる．ここで $tr(F_{xx} dV(dV)^T) = \sum_i \sum_j \frac{\partial^2 F}{\partial x_i \partial x_j} dV_i dV_j$ であるので，

$$dF = \left[\frac{\partial F}{\partial t} + \left(\frac{\partial F}{\partial x} \right)^T f \right] dt + \frac{1}{2} tr(F_{xx} dB (dB)^T) + \left(\frac{\partial F}{\partial x} \right)^T dB + o(dt)$$

を得る．$E[dZ\, dZ^T] \equiv (\sigma_{ij})$ は共分散行列であるので，状態変動がベクトルのときの伊藤の微分則は

$$dF = \left\{ \frac{\partial F}{\partial t} + \sum_{i=1}^{n} \frac{\partial F}{\partial x_i} f_i + \frac{1}{2} \sum_i \sum_j \frac{\partial^2 F}{\partial x_i \partial x_j} g_i g_j \sigma_{ij} \right\} dt + \sum_{i=1}^{n} \frac{\partial F}{\partial x_i} g_i dZ_i(t) \tag{7.23}$$

で与えられる．(7.20) 式において $f = f(x, y, t)$, $g = g(x, y, t)$ となって，(7.22) 式および (7.23) 式は F が制御変数 y の関数 $F = F(x, y, t)$ であっても伊藤の微

分則は成立する．制御変数 $Y(t)$ は確率微分方程式 (7.19) 式に対する外生変数とみなせばよい．

伊藤の微分則と密接に関連する概念は次の作用素である．すなわち，(7.21) 式で定義された dF に対して

$$\lim_{h \to 0} E\left[\left.\frac{dF}{h}\ \right|\ X(t) = x\right] \equiv \mathcal{L}_x[F(x, t)] \tag{7.24}$$

とすれば，作用素 $\mathcal{L}_x$ は確率過程 $X(t)$ の微分作用素である．形式的に，(7.22) 式（または (7.23) 式）を用いれば，dF の期待値をとって dt で割れば (7.24) 式は

$$\mathcal{L}_x[F(x, t)] = \left\{\frac{\partial}{\partial t} + f\frac{\partial}{\partial x} + \frac{1}{2}\,g^2\,\frac{\partial}{\partial x^2}\right\}[F(x, t)] \tag{7.25}$$

となる．前節の連続時間の下での動的計画法や最適制御の問題を解くにあたり，(7.22) 式や (7.25) 式がしばしば適用される．ファイナンスの分野では連続時間の下での消費とポートフォリオ選択問題および経時的資本資産評価モデル (Intertemporal CAPM) がその代表例である．

7.4 指数ブラウン運動とマルチンゲール

$(\Omega, \mathcal{F}, P)$ を確率空間とし，$\mathcal{F}_t$ を $\mathcal{F}$ の部分 σ-加法族とする．確率過程 $\{X(t); t \geq 0\}$ が次の条件を満たすときマルチンゲールと呼ぶ．

  (i) $E[|X(t)|] < \infty\ (t \geq 0)$
  (ii) $E[X(t)|X(s),\ 0 \leq s < t] = X(s)$

離散時間 $t = 0, 1, 2, \cdots$ の下では条件 (i)，(ii) は

  (i)′ $E[|X_t|] < \infty\ (t = 0, 1, 2, \cdots)$
  (ii)′ $E[X_{t+1}|X_0, X_1, \cdots, X_t] = X_t$

と書き改められる．

確率過程 $\{X(t); t \geq 0\}$ がマルチンゲールであるならば，

$$E[X(t)] = X(0) \quad t \geq 0$$

が成立する.

例題 7.1 $X_1, X_2, \cdots$ が平均 0 で独立な確率変数ならば, その部分和 $S_t = X_1 + X_2 + \cdots + X_t$ はマルチンゲールである. なぜならば

$$
\begin{aligned}
E[S_{t+1}|X_1, \cdots, X_t] &= E[S_t + X_{t+1}|X_1, \cdots, X_t] \\
&= E[S_t|X_1, \cdots, X_t] + E[X_{t+1}|X_1, \cdots, X_t] \\
&= S_t + 0 \quad (X_t\text{の独立性より})
\end{aligned}
$$

もし条件 (ii) の等式が不等式

$$
E[X(t)|X(s), \ 0 \le s < t] \ge X(s) \tag{7.26}
$$

で置き換えられるならば, $X(t)$ を**劣マルチンゲール** (submartingale) と呼び, 不等式

$$
E[X(t)|X(s), \ 0 \le s < t] \le X(s) \tag{7.27}
$$

で置き換えられるならば**優マルチンゲール** (supermartingale) と呼ぶ.

例題 7.2 $X_1, X_2, \cdots$ が平均 0, 有限な分散をもつ独立な確率変数ならば, 部分和の 2 乗は劣マルチンゲールである. なぜなら

$$
\begin{aligned}
E[S_{t+1}^2|X_1, X_2, \cdots, X_t] &= E[S_t^2 + 2S_t X_{t+1} + X_{t+1}^2|X_1, \cdots, X_t] \\
&= S_t^2 + 2E[X_{t+1}]E[S_t|X_1, \cdots, X_t] + E[X_{t+1}^2] \\
&= S_t^2 + E[X_{t+1}^2] \ge S_t^2
\end{aligned}
$$

命題 7.1 (イェンセンの不等式) 確率過程 $\{X_t; t \ge 0\}$ が劣マルチンゲールであるとき, 凸関数 $f(\cdot)$ に対して不等式

$$
E[f(X_t)] \ge f(E(X_t)) \tag{7.28}
$$

が成立する.

命題 7.2 (マルチンゲール収束定理) もし確率過程 $\{X_t; t \ge 0\}$ が $E[X_t^2] < M < \infty$ $(t \ge 0)$ を満たすマルチンゲールならば $\lim_{t \to \infty} X_t = X$ が確率 1 (平均 2 乗の意味) で成立する.

ブラウン運動 $Z(t)$ と実数 θ について

$$Q(t) = -(\theta Z(t) + \tfrac{\theta^2}{2}t) \tag{7.29}$$

に対して**指数ブラウン運動** $\exp(Q(t))$ を考えよう．指数ブラウン運動に関して次の性質が成立する．

性質 1 $E\left[\exp\{Q(t) - Q(s)\}\right] = 1 \ (t \geq s \geq 0)$.
証明 $\tau = t - s$ とおけば

$$\frac{1}{\sqrt{2\pi\tau}} \int_{-\infty}^{\infty} \exp\left\{-\left(\theta x + \frac{\theta^2}{2}\tau\right)\right\} \exp\left(-\frac{x^2}{2\tau}\right) dx$$

$$= \frac{1}{\sqrt{2\pi\tau}} \int_{-\infty}^{\infty} \exp\left\{\frac{-(x + \theta\tau)^2}{2\tau^2}\right\} dx$$

$$= 1$$

を得る．ここで，最後の等式は，平均 $(-\theta\tau)$，分散 τ^2 の正規分布の性質を用いた． □

性質 2 $\exp(Q(t))$ はマルチンゲールである．
証明 $t > s$ に対して，

$$E[\exp Q(t)|Q(s)] = E[\exp(Q(t) - Q(s)) \exp(Q(s))|Q(s)]$$
$$= E[\exp(Q(t) - Q(s)|Q(s)] \exp(Q(s)) = \exp(Q(s))$$

である．ここで，最後の等式は性質 1 を用いている． □

ブラウン運動 $Z(t)$ と実数 θ について

$$\tilde{Z}(t) = Z(t) + \theta t \tag{7.30}$$

とする．

性質 3

(i) $E\left[\exp(Q(t) - Q(s))\left\{\tilde{Z}(t) - \tilde{Z}(s)\right\}\right] = 0$

第7章　確率解析の基礎

(ii) $E\left[\exp(Q(t)-Q(s))\left\{\tilde{Z}(t)-\tilde{Z}(s)\right\}^2\right]=t-s$

証明　$\tau=t-s$ とおけば

$\quad$(i)$E\left[\exp(Q(t)-Q(s))\left\{\tilde{Z}(t)-\tilde{Z}(s)\right\}\right]$

$\qquad=\dfrac{1}{\sqrt{2\pi\tau}}\displaystyle\int_{-\infty}^{\infty}\exp\left\{-\left(\theta x+\dfrac{\theta^2}{2}\tau\right)\right\}(x+\theta\tau)\exp\left(-\dfrac{x^2}{2\tau}\right)dx$

$\qquad=\dfrac{1}{\sqrt{2\pi\tau}}\displaystyle\int_{-\infty}^{\infty}\exp\left(-\dfrac{(x+\theta\tau)^2}{2\tau}\right)(x+\theta\tau)\,dx=0$

$\quad$(ii)$E\left[\exp(Q(t)-Q(s))\left\{\tilde{Z}(t)-\tilde{Z}(s)\right\}^2\right]$

$\qquad=\dfrac{1}{\sqrt{2\pi\tau}}\displaystyle\int_{-\infty}^{\infty}\exp\left(-\dfrac{(x+\theta\tau)^2}{2\tau}\right)(x+\theta\tau)^2dx=\tau=t-s$

$\qquad\qquad\qquad\qquad\qquad\qquad\qquad\qquad\qquad\qquad\qquad\qquad\qquad\qquad\square$

性質 4 $\exp(Q(t))\tilde{Z}(t)$ はマルチンゲールである.

証明

$E\left[\exp(Q(t))\tilde{Z}(t)|Q(s)\tilde{Z}(s)\right]$

$=E\left[\exp(Q(t)-Q(s))\exp(Q(s))\left\{\tilde{Z}(t)-\tilde{Z}(s)+\tilde{Z}(s)\right\}\mid Q(s)\tilde{Z}(s)\right]$

$=E\left[\exp(Q(t)-Q(s))\{\tilde{Z}(t)-\tilde{Z}(s)\}\right]\exp(Q(s))$

$\qquad\qquad\qquad\qquad\quad+E\left[\exp(Q(t)-Q(s))\right]\exp(Q(s))\tilde{Z}(s)$

$=\exp(Q(s))\tilde{Z}(s)$

ここで, 最後の等式を得るために性質 3 を用いた. $\qquad\qquad\qquad\square$

性質 5 $\tilde{Z}(t)$ は $d\tilde{P}=\exp(Q(T))dP$ を満たす確率測度 $\tilde{P}$ の下でマルチンゲールである.

141

証明 $A \in \mathcal{F}_s, s < t$ に対して

$$\int_A \tilde{Z}(t) \ d\tilde{P} = \int_A \tilde{Z}(t) \exp(Q(T)) \ dP = \int_A \tilde{Z}(t) \exp(Q(t)) \ dP$$
$$= \int_A \tilde{Z}(s) \exp(Q(T)) \ dP = \int_A \tilde{Z}(s) \ d\tilde{P}$$

□

性質 6 $(\tilde{Z}^2(t) - t)$ は $d\tilde{P} = \exp(Q(T))dP$ を満たす確率測度 $\tilde{P}$ の下でマルチンゲールである.

証明 $s < t$ に対して

$$E\left[\tilde{Z}^2(t) - t \ \middle| \ Z(s) \right]$$
$$= E\left[\exp(Q(T))(\tilde{Z}^2(t) - t) \ \middle| \ Z(s) \right]$$
$$= E\Big[\exp(Q(t) - Q(s)) \exp(Q(s))$$
$$\times \left\{ (\tilde{Z}(t) - \tilde{Z}(s))^2 + 2(\tilde{Z}(t) - \tilde{Z}(s))\tilde{Z}(s) - (t - s) + \tilde{Z}^2(s) - s \right\} \ \middle| \ Z(s) \Big]$$
$$= \exp(Q(s))(t - s) - \exp(Q(s))(t - s) + \exp(Q(s))(\tilde{Z}^2(s) - s)$$
$$= E[\exp(Q(T))|Z(s)](\tilde{Z}^2(s) - s)$$

$A \in \mathcal{F}_s$ に対して

$$\int_A (\tilde{Z}^2(t) - t) \exp(Q(T)) \ dP = \int_A (\tilde{Z}^2(s) - s) \exp(Q(s)) \ dP$$
$$= \int_A (\tilde{Z}^2(s) - s) \exp(Q(T)) \ dP$$

□

性質 7 $\tilde{Z}(t)$ は確率測度 $\tilde{P}$ の下でブラウン運動である.

証明 確率測度 $\tilde{P}$ に関する期待値を $\tilde{E}[\cdot]$ で表す. このとき, $i = \sqrt{-1}$ に対して

$$
\begin{aligned}
\tilde{E}\left[\exp(iu\tilde{Z}(t))\right] &= E\left[\exp(Q(T))\exp\{iu(Z(t)+\theta t)\}\right] \\
&= E\left[\exp(Q(t))\exp\{iu(Z(t)+\theta t)\}\right] \\
&= \exp\left(iu\theta t - \frac{\theta^2}{2}t\right) E\left[\exp\{(iu-\theta)Z(t)\}\right] \\
&= \exp\left(iu\theta t - \frac{\theta^2}{2}t\right)\frac{1}{\sqrt{2\pi t}}\int_{-\infty}^{\infty}\exp\{(iu-\theta)x\}\exp\left(-\frac{x^2}{2t}\right)dx \\
&= \exp\left(-\frac{u^2 t}{2}\right)
\end{aligned}
$$

を得る. $\tilde{Z}(t)$ は $\tilde{P}$ の下で平均 0, 分散 t の正規分布に従う. □

これらの性質がリスク証券の評価にどのように使用されるかを無リスク証券による割引き（すなわち, リスク証券を無リスク証券によって評価される量）について説明しよう. リスク証券の価格 $X(t)$ が幾何ブラウン運動

$$
dX(t) = \mu X(t)dt + \sigma X(t)dZ(t)
$$

に従うとすれば, この解は, $F = \log X(t)$ とおいて (7.22) 式の伊藤の微分則を適用すれば

$$
X(t) = X(0)\exp\left\{\left(\mu - \frac{\sigma^2}{2}\right)t + \sigma Z(t)\right\} \tag{7.31}
$$

で与えられる. 無リスク資産の価格 $B(t)$ は $dB = -rB(t)dt$ に従うとすれば, リスク証券の割引価格は $B(t)X(t) = e^{-rt}X(t)$ であるので

$$
\begin{aligned}
d\left(B(t)X(t)\right) &= X(t)dB(t) + B(t)dX(t) \\
&= -rB(t)X(t)dt + B(t)(\mu X(t)dt + \sigma X(t)dZ(t)) \\
&= \sigma B(t)X(t)(dZ(t) + \theta dt)
\end{aligned}
$$

となる. ただし $\theta = (\mu - r)/\sigma$. ここで $\tilde{Z}(t) = Z(t) + \theta t$ とおけば

$$
d\left(B(t)X(t)\right) = \sigma B(t)X(t)d\tilde{Z}(t)
$$

を得る．$d\tilde{P} = \exp(Q(T))dP$，$Q(t) = -(\theta Z(t) + \frac{\theta^2}{2}t)$ とおけば，$B(t)X(t)$ は性質 5 より，$\tilde{P}$ の下でマルチンゲールとなる．この $\tilde{P}$ をリスク中立確率と呼ぶ．

$$B(t)X(t) = \exp\left\{\sigma\tilde{Z}(T) - \frac{1}{2}\sigma^2 t\right\}X(0)$$

となるので，$X(t)$ を $\tilde{Z}(t)$ で表現すれば

$$dX(t) = rX(t)dt + \sigma X(t)d\tilde{Z}(t) \tag{7.32}$$

を得る．リスク資産 $u(t)$ 単位と無リスク資産 $(1 - u(t))$ 単位からなるポートフォリオ $Y(t)$ についても，$Y(t) = u(t)X(t) + (1 - u(t))B(t)$ とおくと

$$
\begin{aligned}
d\left(B(t)Y(t)\right) &= -rB(t)Y(t)dt + B(t)dY(t)\\
&= -rB(t)Y(t)dt + B(t)udX(t) + rB(t)(Y(t) - uX(t))dt\\
&= u\sigma B(t)X(t)(dZ(t) + \theta dt)\\
&= u\sigma B(t)X(t)d\tilde{Z}(t)
\end{aligned}
$$

を得る．したがって，$B(t)Y(t)$ は $\tilde{P}$ の下でマルチンゲールとなる．すなわち

$$B(t)Y(t) = \tilde{E}[B(T)Y(T)|\tilde{Z}(t)]$$

である．

命題 7.3 (任意抽出定理 (optional sampling theorem)) 確率過程 $\{X(t); t \geq 0\}$ が劣マルチンゲールであるとき

$$\sup_{t \leq T} E[X(t)] = E[X(T)]$$

である．

例題 7.3 $X(t)$ が幾何ブラウン運動に従うと仮定すれば，確率過程 $Y(t) = e^{-rt}(X(t) - K)$ は劣マルチンゲールである．すなわち，$s < t$ に対して

$$\tilde{E}[Y(t)|X(s)] \geq Y(s)$$

が成り立つ. $Z(t) = e^{-rt}(X(t) - K)^+$ とすれば $Z(t)$ は X の凸関数であるから, イェンセンの不等式より $Z(t)$ もまた劣マルチンゲールである. したがって, アメリカンコールオプションの価格 V_{ac} は任意抽出定理より

$$V_{ac} = \sup_{0 \le t \le T} E[e^{-rt}(X(t) - K)^+] = e^{-rT}(X(T) - K)^+$$

となって, ヨーロピアンコールに退化する.

演習問題

問題 7.1 幾何ブラウン運動 $dX(t) = \mu X(t)dt + \sigma X(t)dZ(t)$ の解が (7.31) 式

$$X(t) = X(0)e^{\left(\mu - \frac{1}{2}\sigma^2\right)t + \sigma Z(t)}$$

であることを伊藤の微分則を用いて示しなさい.

問題 7.2 前問の幾何ブラウン運動 $X(t)$ の平均と分散を求めなさい.

問題 7.3 性質 2 の $e^{Q(t)}$ がマルチンゲールであることを伊藤の微分則を適用して示しなさい.

問題 7.4 $P(t,x) = \frac{1}{\sqrt{2\pi t}} \exp(-\frac{x^2}{2t})$ は偏微分方程式 $P_t(t,x) = \frac{1}{2} P_{t,x}(t,x)$ を満たすことを示しなさい.

問題 7.5

$$X(t) = X(0) \exp\left[\int_0^t (\mu(s) - \frac{1}{2}\sigma^2(s))ds + \int_0^t \sigma(s)dZ(s)\right]$$

は

$$dX(t) = \mu(t)X(t)dt + \sigma(t)X(t)dZ(t)$$

の解であることを示しなさい.

問題 7.6 $i = \sqrt{-1}$ とする. X が平均 0, 分散 σ^2 の正規分布に従うとき $E[\exp(iuX)]$ を求めなさい.

145

問題 7.7 株価 S_t がランダムウォークに従うと仮定する．すなわち，$S_{t+1} = S_t + X_t$, $P(X_t = 1) = p$, $P(X_t = -1) = 1 - p$ $(t = 1, 2, \cdots)$ である．p のどんな値に対して，株価の確率過程 $\{S_t : t = 1, 2, \cdots\}$ は劣マルチンゲール，優マルチンゲール，マルチンゲールになるかを示しなさい．

第8章

オプション評価理論

　今日，企業や銀行および機関投資家によって様々なオプションがリスク管理の手段として発行されている．その主たる理由は，単に有価証券の価格変動によるリスクばかりでなく，企業の部品調達に伴う調達コストの変動リスクを制御するためのものもある．そのような実物資産に対するオプションや金融派生商品もまた数多く発行されている．本章では，企業が資金調達のために発行するオプションや転換社債などの金融派生商品に対する評価方法について解説する．

8.1　オプションとリスクヘッジ

8.1.1　オプション

　オプションとは，ある定められた時点や期間内に定められた価格で原資産を売買する権利であり，行使の義務は伴わない証券である．ある定められた時点を**満期** (maturity)，定められた価格を**権利行使価格** (strike price) という．原資産を買う権利を**コールオプション**，売る権利を**プットオプション**と呼び，オプションで取引される原資産として，金融資産には株式，債券，通貨などがある．オプションには，満期時点でのみ権利行使可能な**ヨーロピアンオプション**，満期までの任意の時点で権利行使可能な**アメリカンオプション**，オプションの買い手，売り手の両者に権利が付与される**ゲームオプション**などがある．

147

満期を T，権利行使価格を K，時刻 t での株価が S_t の株式のヨーロピアンコールオプションを考える．オプションの買い手は，満期において，$S_T > K$ であればオプションを行使して，権利行使価格 K で資産を購入し，すぐに市場で売却すれば $S_T - K$ の利益を得る．逆に，$S_T < K$ であれば，権利を放棄して利益は 0 になる．したがって，満期におけるヨーロピアンコールオプションの価値は

$$(S_T - K)^+ = \max(S_T - K, 0) \tag{8.1}$$

となる．また，満期におけるヨーロピアンプットオプションの価値は

$$(K - S_T)^+ = \max(K - S_T, 0) \tag{8.2}$$

となる (図 8.1，図 8.2 参照)．オプション評価理論とは，上述の満期での利得が与えられたとき，満期以前での任意の期 t でのオプション価格を評価する理論である．本章では，ヨーロピアンオプション，アメリカンオプション，ゲームオプションおよび転換社債についてそれぞれの評価方法を議論する．評価方法の基本的考え方はオプションの対象資産の価格ダイナミクスが与えられたとき，満期または権利行使時点での利得の割引期待値をリスク中立確率によって計算することである．

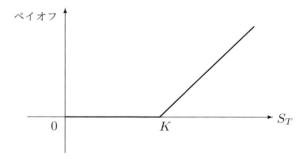

図 8.1　ヨーロピアンコールオプションの満期でのペイオフ

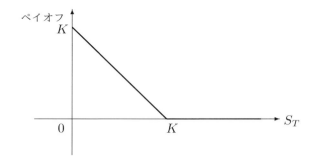

図 8.2 ヨーロピアンプットオプションの満期でのペイオフ

8.1.2 リスクヘッジ

ヨーロピアンコールオプションの買い手に対して，売り手は満期 T において，権利行使された場合，$(S_T - K)^+$ を支払える状態でなければならない．オプションの契約時点 0 では，満期における株価は不確実である．このような金融資産の価格変動に伴う市場リスクを回避あるいは軽減させるために，複数の金融資産を組合せて同時に保有する方法がとられる．リスク回避のためにポートフォリオを組む取引をヘッジ取引といい，様々な金融上の手段を使って相反するポジションを組み合わせることで原資産価格の変動に対応するポートフォリオの価値の変化を減少させる．このようなリスク回避の行動を一般にリスクヘッジと呼ぶ．

8.1.3 プット・コール・パリティ

オプションの評価理論の基本的な仮定として，裁定機会が存在しないとする．この仮定から，満期 T，権利行使価格 K，時刻 t での株価が S_t の株式のヨーロピアンコールオプションとヨーロピアンプットオプションの価格の関係は以下のように導出できる．その際，一定の利率 r で資金の借り入れもしくは預け入れが可能であると仮定する．

時刻 t での株価が S_t のときのヨーロピアンコールオプションとヨーロピアンプットオプションの価格をそれぞれ，$V_{ec}(S_t, t)$，$V_{ep}(S_t, t)$ とする．時刻 t で次の 2 つのポートフォリオを構築する．

（1）1 単位の株式と 1 単位のヨーロピアンプットオプションを購入する $(S_t + V_{ep}(S_t, t))$.

（2）$Ke^{-r(T-t)}$ 単位の無リスク資産と 1 単位のヨーロピアンコールオプションを購入する $(Ke^{-r(T-t)} + V_{ec}(S_t, t))$.

この 2 つのポートフォリオをオプションの満期 T まで保有し，満期で清算したとする．満期 T において，2 つのポートフォリオのキャッシュ・フローは (8.1)，(8.2) 式より，$S_T + (K - S_T)^+$ と $K + (S_T - K)^+$ となって，ともに $\max(S_T, K)$ の受け取りとなる．裁定機会が存在しないならば，この 2 つのポートフォリオの価値は等しい．すなわち，$S_t + V_{ep}(S_t, t) = Ke^{-r(T-t)} + V_{ec}(S_t, t)$. したがって，任意の $t < T$ に対して，**プット・コール・パリティ**と呼ばれる関係式

$$V_{ec}(S_t, t) - V_{ep}(S_t, t) = S_t - Ke^{-r(T-t)} \tag{8.3}$$

が成立する．

8.2　ヨーロピアンオプション

本節では，連続時間モデルにおいて， 前章で示したリスク中立確率測度の下での議論を行うことで，ブラック・ショールズの公式として有名なヨーロピアンオプションの価格式を紹介する．リスク中立確率測度の下で，株価過程が幾何ブラウン運動

$$dS_t = (r - \delta)S_t dt + \sigma S_t d\tilde{Z}(t) \tag{8.4}$$

に従うと仮定する．ただし，r は無リスク利子率，δ, σ はそれぞれ株式に対する連続的な配当率とボラティリティである．また，確率過程 $\{\tilde{Z}_t; 0 \le t \le T\}$ はリスク中立確率測度の下での標準ブラウン運動である．

そのとき，時刻 t での株価が S_t で与えられるとき，時刻 t でのヨーロピアンコールオプションの価格 $V_{ec}(S_t, t)$ は

$$V_{ec}(s, t) = E_t^s[e^{-r(T-t)}(S_T - K)^+] \tag{8.5}$$

で与えられる．ただし，$E_t^s[\cdot]$ は $S_t = s$ の下での条件付き期待値を表している．このヨーロピアンコールオプションの価格は

$$V_{ec}(s, t) = se^{-\delta(T-t)}\Phi(d^+(s, t)) - Ke^{-r(T-t)}\Phi(d^-(s, t)) \tag{8.6}$$

のように解析的に与えられる. ただし, $\Phi(\cdot)$ は標準正規分布の分布関数

$$\Phi(x) = \frac{1}{\sqrt{2\pi}} \int_{-\infty}^{x} e^{-\frac{y^2}{2}} dy$$

であり, $d^{\pm}(s,t)$ は

$$d^{\pm}(s,t) = \frac{\log(s/K) + ((r-\delta) \pm \frac{1}{2}\sigma^2)(T-t)}{\sigma\sqrt{T-t}}$$

で与えられる. (8.6) 式は配当がある場合のブラック・ショールズの公式と呼ばれている.

同様に, ヨーロピアンプットオプションの価格は

$$V_{ep}(s,t) = Ke^{-r(T-t)}\Phi(-d^{-}(s,t)) - se^{-\delta(T-t)}\Phi(-d^{+}(s,t)) \tag{8.7}$$

で与えられる. ここで, $1 - \Phi(d^{\pm}) = \Phi(-d^{\pm})$ を用いている.

8.3 アメリカンオプション

ヨーロピアンオプションは満期のみで権利行使が可能なオプションであるのに対し, アメリカンオプションは満期までの任意の時刻で権利行使が可能なオプションである. アメリカンオプションの価格付けには, いつ権利を行使するのが最適なのかを考えなければならない.

時刻 t での株価が S_t で与えられるとき, 時刻 t でのアメリカンコールオプションの価格を $V_{ac}(S_t,t)$, アメリカンプットオプションの価格を $V_{ap}(S_t,t)$ で表し, 区間 $[0,T]$ における停止時刻 τ の集合を $\mathcal{T}_{0,T}$ とする. このとき, 時刻 t でのアメリカンコールオプションおよびプットオプションの価格は

$$V_{ac}(s,t) = \sup_{\tau \in \mathcal{T}_{t,T}} E_t^s \left[e^{-r(\tau-t)}(S_\tau - K)^+ \right] \tag{8.8}$$

$$V_{ap}(s,t) = \sup_{\tau \in \mathcal{T}_{t,T}} E_t^s \left[e^{-r(\tau-t)}(K - S_\tau)^+ \right] \tag{8.9}$$

で与えられる. $a \wedge b = \min(a,b)$ と定義すると, アメリカンコールオプションとプットオプションのそれぞれの最適な権利行使時刻

$$\tau_t^{ac} = \inf\{\tau \in [t,T) \mid V_{ac}(S_\tau,\tau) = (S_\tau - K)^+\} \wedge T$$
$$\tau_t^{ap} = \inf\{\tau \in [t,T) \mid V_{ap}(S_\tau,\tau) = (K - S_\tau)^+\} \wedge T$$

は，それぞれのオプション価値と権利行使したときの価値が等しくなる最小到達時刻によって与えられる．

8.3.1 価格の分解

アメリカンオプションは，ヨーロピアンオプションと比較すると満期前に権利行使ができることから，その価格は高くなる．どれくらい価格が高くなるかを示すために，本節では価格の分解を紹介する．

アメリカンコールオプションの価格は，ヨーロピアンコールオプションの価格と早期行使におけるプレミアムとの和として

$$V_{ac}(s,t) = V_{ec}(s,t) + p_{ac}(s,t) \tag{8.10}$$

と分解される．ただし，$p_{ac}(s,t) \geq 0$ は

$$p_{ac}(s,t) = E_t^s \left[\int_t^T e^{-r(u-t)} \delta S_u 1_{\{S_u \geq s_u^{ac}\}} du \right] \tag{8.11}$$

であり，$\{s_t^{ac}; 0 \leq t < T\}$ は株価に対する最適権利行使境界を表す．(8.11) 式におけるアメリカンコールオプションに対する早期行使プレミアム $p_{ac}(s,t)$ は，株式に配当支払いがない場合 ($\delta = 0$ のとき)，$p_{ac}(s,t) = 0$ となる．すなわち，株式に配当支払いがない場合，アメリカンコールオプションは満期のみで権利行使をすることが最適となり，その価格はヨーロピアンコールオプションの価格と等しくなる．

同様に，アメリカンプットオプションの価格はヨーロピアンプットオプションと早期行使におけるプレミアムの和として

$$V_{ap}(s,t) = V_{ep}(s,t) + p_{ap}(s,t) \tag{8.12}$$

へ分解される．ただし，$p_{ap}(s,t) \geq 0$ は

$$p_{ap}(s,t) = E_t^s \left[\int_t^T e^{-r(u-t)} r S_u 1_{\{S_u \leq s_u^{ap}\}} du \right] \tag{8.13}$$

であり，$\{s_t^{ap}; 0 \leq t < T\}$ は株価に対する最適権利行使境界を表す．

8.3.2 離散時間モデル

本節では，オプション価格を数値的に導出するために，離散時間モデルにおけるオプションの評価モデルを紹介する．区間 $[0, T]$ を N 個に分割する．k 番目の時点を t_k $(k = 0, 1, \cdots N)$ とし，$t_0 = 0, \cdots, t_N = T$ とする．また，時点 t_k から満期 t_N までの停止時刻の集合を $\mathcal{T}_{k,N}^N$ とし，$\Delta t = T/N$ とする．この停止時刻の集合の下で，(8.8) 式と (8.9) 式に対応する $V_{ac}^N(k)$ および $V_{ap}^N(k)$ は

$$V_{ac}^N(k) = \sup_{\tau \in \mathcal{T}_{k,N}^N} E_k \left[e^{-r\Delta t(\tau - k)} (S_\tau - K)^+ \right] \tag{8.14}$$

$$V_{ap}^N(k) = \sup_{\tau \in \mathcal{T}_{k,N}^N} E_k \left[e^{-r\Delta t(\tau - k)} (K - S_\tau)^+ \right] \tag{8.15}$$

で与えられる．$E_k[\cdot]$ は $S_{t_k} = S_k$ の下での条件付き期待値を表している．また，動的計画法の最適性の原理より，$V_{ac}^N(k)$ および $V_{ap}^N(k)$ は $k = N$ のとき

$$V_{ac}^N(N) = (S_N - K)^+, \quad V_{ap}^N(N) = (K - S_N)^+$$

となり，$k = N - 1, N - 2, \cdots, 0$ のとき

$$V_{ac}^N(k) = \max \left(S_k - K, E_k \left[e^{-r\Delta t} V_{ac}^N(k+1) \right] \right)$$
$$V_{ap}^N(k) = \max \left(K - S_k, E_k \left[e^{-r\Delta t} V_{ap}^N(k+1) \right] \right)$$

で与えられる．また，それぞれの時点 k における最適行使境界 s_k^{ac}，s_k^{ap} は

$$s_k^{ac} = \arg\min_{S_k} \left\{ V_{ac}^N(k) = S_k - K \right\}$$
$$s_k^{ap} = \arg\max_{S_k} \left\{ V_{ap}^N(k) = K - S_k \right\}$$

で与えられる．図 8.3 は，$K = 100$，$r = 0.05$，$\sigma = 0.3$，$N = 10,000$ のときのアメリカンプットオプションの価格 $V_{ap}^N(s, 0)$ を s の関数として描いた図である．図 8.4 はアメリカンプットオプションの最適権利行使境界 s_t^{ap} を t の関数として描いた図である．

アメリカンオプションは，その最適行使戦略を特定化することが困難であるために，ヨーロピアンオプションよりも評価が難しい．しかし，アメリカンコールオプションは，株価が幾何ブラウン運動に従い，満期までに配当などのキャッ

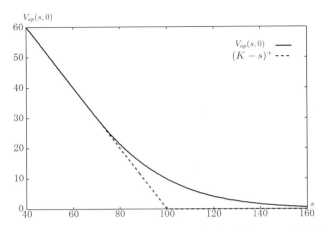

図 8.3 株価 s を変化させたときのアメリカンプットオプションの価格 $V_{ap}^N(s,0)$

$T=1,\ K=100,\ r=0.05,\ \sigma=0.3,\ N=10{,}000$

シュ・フローがないならば，その価格はヨーロピアンコールオプションの価格と等しくなることを先に述べた．すなわち，満期までに権利行使しないことが最適であり，その価格はブラック・ショールズの解析解で与えられる．アメリカンプットオプションはそのような解析解は存在しない．しかし，満期が無限大である**永久アメリカンプットオプション**は権利行使の閾値（指し値）を L とすれば，その解析解を導出することが可能である．満期が無限大の永久オプションの価格は時間には依存しないため，その価格が満たす偏微分方程式は常微分方程式になる．株価が s のときの永久アメリカンプットオプションの価格を $V_{ap}^p(s)$ とすると，

$$V_{ap}^p(s) = \begin{cases} K-s, & s \leq L \\ (K-L)\left(\dfrac{s}{L}\right)^h, & s > L \end{cases} \tag{8.16}$$

$$L = \frac{h}{h-1}K$$

である．ただし，$h = \frac{1}{2} - \frac{r-\delta}{\sigma^2} - \sqrt{\left(\frac{1}{2} - \frac{r-\delta}{\sigma^2}\right)^2 + \frac{2r}{\sigma^2}} < 0$ である．

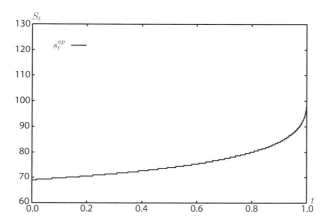

図 8.4　時刻 t に対するアメリカンプットオプションの最適行使境界 s_t^{ap}
$T = 1,\ K = 100,\ r = 0.05,\ \sigma = 0.3,\ N = 10,000$

8.4　ゲームオプション

　ゲームオプションとは，満期までの任意の時刻でオプションの売り手は契約をキャンセルすることができ，買い手は権利を行使することができる契約である．ゲームコールオプションでは，任意の時刻 t において，買い手が権利を行使する前に売り手がキャンセルしたとき，売り手は買い手に $(S_t - K)^+ + C$ を支払わなければならない．C は売り手が契約を早期にキャンセルすることによるペナルティであり，$C \geq 0$ である．一方，ゲームプットオプションでは，時刻 t で売り手がキャンセルをしたとき，売り手は買い手に $(K - S_t)^+ + C$ を支払わなければならない．売り手と買い手が同時に権利行使をした場合は，買い手の権利行使が優先されると仮定する．

　時刻 t での株価が S_t で与えられるとき，時刻 t でのゲームコールオプションの価格を $V_{gc}(S_t, t)$，ゲームプットオプションの価格を $V_{gp}(S_t, t)$ とする．売り手の停止時刻を τ_s，買い手の停止時刻を τ_b とすれば，時刻 t でのゲームコール

オプションおよびプットオプションの価格は

$$V_{gc}(s,t) = \inf_{\tau_s \in \mathcal{T}_{t,T}} \sup_{\tau_b \in \mathcal{T}_{t,T}} J_{gc}^{s,t}(\tau_s, \tau_b) = \sup_{\tau_b \in \mathcal{T}_{t,T}} \inf_{\tau_s \in \mathcal{T}_{t,T}} J_{gc}^{s,t}(\tau_s, \tau_b) \quad (8.17)$$

$$V_{gp}(s,t) = \inf_{\tau_s \in \mathcal{T}_{t,T}} \sup_{\tau_b \in \mathcal{T}_{t,T}} J_{gp}^{s,t}(\tau_s, \tau_b) = \sup_{\tau_b \in \mathcal{T}_{t,T}} \inf_{\tau_s \in \mathcal{T}_{t,T}} J_{gp}^{s,t}(\tau_s, \tau_b) \quad (8.18)$$

で与えられる．ただし

$$J_{gc}^{s,t}(\tau_s, \tau_b)$$
$$= E_t^s \left[e^{-r(\tau_s - t)}((S_{\tau_s} - K)^+ + C)1_{\{\tau_s < \tau_b\}} + e^{-r(\tau_b - t)}(S_{\tau_b} - K)^+ 1_{\{\tau_b \le \tau_s\}} \right],$$
$$J_{gp}^{s,t}(\tau_s, \tau_b)$$
$$= E_t^s \left[e^{-r(\tau_s - t)}((K - S_{\tau_s})^+ + C)1_{\{\tau_s < \tau_b\}} + e^{-r(\tau_b - t)}(K - S_{\tau_b})^+ 1_{\{\tau_b \le \tau_s\}} \right]$$

であり，1_A は A が成立すれば 1，そうでなければ 0 となる指示関数を表している．(8.17) および (8.18) 式の経済学的含意は，売り手と買い手のそれぞれの権利行使の順序に係りなく，均衡において同一の価格を達成することを示唆している．このとき，ゲームコールオプションとプットオプションのそれぞれの最適な権利行使時刻とキャンセル時刻

$$\tau_{b,t}^{gc} = \inf\{\tau_b \in [t,T) \mid V_{gc}(S_{\tau_b}, \tau_b) = (S_{\tau_b} - K)^+\} \wedge T$$
$$\tau_{s,t}^{gc} = \inf\{\tau_s \in [t,T) \mid V_{gc}(S_{\tau_s}, \tau_s) = (S_{\tau_s} - K)^+ + C\} \wedge T$$
$$\tau_{b,t}^{gp} = \inf\{\tau_b \in [t,T) \mid V_{gp}(S_{\tau_b}, \tau_b) = (K - S_{\tau_b})^+\} \wedge T$$
$$\tau_{s,t}^{gp} = \inf\{\tau_s \in [t,T) \mid V_{gp}(S_{\tau_s}, \tau_s) = (K - S_{\tau_s})^+ + C\} \wedge T$$

は，それぞれのオプション価値と権利行使，もしくは，キャンセルしたときの価値が等しくなる最小到達時刻によって与えられる．

8.4.1 価格の分解

アメリカンオプションは，ヨーロピアンオプションと比較すると満期前に権利行使できることから，その価格は高くなる．それに対し，ゲームオプションは売り手がキャンセルできることから，アメリカンオプションよりも価格は安くなる．どれくらい価格が高くなり，安くなるかを示すために，アメリカンオプションと同様に本節では価格の分解を紹介する．

ゲームコールオプションの価格は，ヨーロピアンコールオプションの価格と早期行使プレミアムとの和から，早期キャンセル割引額を引いた

$$V_{gc}(s,t) = V_{ec}(s,t) + p_{gc}(s,t) - d_{gc}(s,t) \qquad (8.19)$$

へ分解される．ただし，$p_{gc}(s,t) \geq 0$ と $d_{gc}(s,t) \geq 0$ は

$$p_{gc}(s,t) = E_t^s \left[\int_t^T e^{-r(u-t)} \delta S_u 1_{\{S_u \geq s_u^{gc}\}} du \right] \qquad (8.20)$$

$$d_{gc}(s,t) = E_t^s \left[\int_t^T e^{-r(u-t)} \left(\frac{\partial V_{gc}}{\partial s}(K+,u) - \frac{\partial V_{gc}}{\partial s}(K-,u) \right) dL_u^s(K) \right] \qquad (8.21)$$

であり，$\{s_t^{gc}; 0 \leq t < T\}$ は株価に対する買い手の最適権利行使境界，$L_t^s(K)$ は点 K における S_t の局所時間 (詳細は Karatzas and Shreve (1991) を参照) である．(8.20) 式におけるゲームコールオプションに対する早期行使プレミアム $p_{gc}(s,t)$ は，アメリカンコールオプションと同様に株式に配当支払いがない場合 ($\delta = 0$ のとき)，$p_{gc}(s,t) = 0$ となる．

同様に，ゲームプットオプションの価格は，ヨーロピアンプットオプションの価格と早期行使プレミアムとの和から，早期キャンセル割引額を引いた

$$V_{gp}(s,t) = V_{ep}(s,t) + p_{gp}(s,t) - d_{gp}(s,t) \qquad (8.22)$$

へ分解される．ただし，$p_{gp}(s,t) \geq 0$ と $d_{gp}(s,t) \geq 0$ は

$$p_{gp}(s,t) = E_t^s \left[\int_t^T e^{-r(u-t)} r S_u 1_{\{S_u \leq s_u^{gp}\}} du \right]$$

$$d_{gp}(s,t) = E_t^s \left[\int_t^T e^{-r(u-t)} \left(\frac{\partial V_{gp}}{\partial s}(K+,u) - \frac{\partial V_{gp}}{\partial s}(K-,u) \right) dL_u^s(K) \right]$$

であり，$\{s_t^{gp}; 0 \leq t < T\}$ は株価に対する買い手の最適権利行使境界である．

8.4.2 離散時間モデル

本節では，アメリカンオプションと同様にオプション価格を数値的に導出するために，離散時間モデルにおけるゲームオプションの評価モデルを紹介する．

ゲームコールオプションとプットオプションの価格 (8.17), (8.18) 式に対応する
離散時点 k における $V_{gc}^N(k)$ および $V_{gp}^N(k)$ は

$$V_{gc}^N(k) = \inf_{\tau_s \in \mathcal{T}_{k,N}^N} \sup_{\tau_b \in \mathcal{T}_{k,N}^N} J_{gc}^k(\tau_s, \tau_b) = \sup_{\tau_b \in \mathcal{T}_{k,N}^N} \inf_{\tau_s \in \mathcal{T}_{k,N}^N} J_{gc}^k(\tau_s, \tau_b)$$

$$V_{gp}^N(k) = \inf_{\tau_s \in \mathcal{T}_{k,N}^N} \sup_{\tau_b \in \mathcal{T}_{k,N}^N} J_{gp}^k(\tau_s, \tau_b) = \sup_{\tau_b \in \mathcal{T}_{k,N}^N} \inf_{\tau_s \in \mathcal{T}_{k,N}^N} J_{gp}^k(\tau_s, \tau_b)$$

で与えられる. ただし

$$J_{gc}^k(\tau_s, \tau_b)$$
$$= E_k \left[e^{-r(\tau_s - k)}((S_{\tau_s} - K)^+ + C)1_{\{\tau_s < \tau_b\}} + e^{-r(\tau_b - k)}(S_{\tau_b} - K)^+ 1_{\{\tau_b \le \tau_s\}} \right],$$
$$J_{gp}^k(\tau_s, \tau_b)$$
$$= E_k \left[e^{-r(\tau_s - k)}((K - S_{\tau_s})^+ + C)1_{\{\tau_s < \tau_b\}} + e^{-r(\tau_b - k)}(K - S_{\tau_b})^+ 1_{\{\tau_b \le \tau_s\}} \right]$$

である. 動的計画法の最適性の原理より, $V_{gc}^N(k)$, $V_{gp}^N(k)$ は $k = N$ のとき,

$$V_{gc}^N(N) = (S_N - K)^+, \quad V_{gp}^N(N) = (K - S_N)^+$$

となり, $k = N-1, N-2, \cdots, 0$ のとき,

$$V_{gc}^N(k) = \min \left(\max \left(S_k - K, E_k \left[e^{-r\Delta t} V_{gc}^N(k+1) \right] \right), (S_k - K)^+ + C \right)$$
$$V_{gp}^N(k) = \min \left(\max \left(K - S_k, E_k \left[e^{-r\Delta t} V_{gp}^N(k+1) \right] \right), (K - S_k)^+ + C \right)$$

で与えられる. それぞれの時点 k における買い手の最適行使境界 s_k^{gc}, s_k^{gp} は

$$s_k^{gc} = \arg\min_{S_k} \left\{ V_{gc}^N(k) = S_k - K \right\}$$

$$s_k^{gp} = \arg\max_{S_k} \left\{ V_{gp}^N(k) = K - S_k \right\}$$

で与えられる. 図 8.5 は, ゲームプットオプションの価格 $V_{gp}(s,0)$ を s の関数
として描いた図である. 買い手のペナルティ支払い額 C が $1, 3, 5$ と大きくなる
につれ, その価格も大きくなっている. 図 8.6 は, $C = 1, 3, 5$ に対する買い手の
最適権利行使境界をそれぞれ描いている.

第8章 オプション評価理論

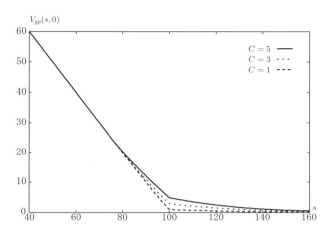

図 8.5 株価 s を変化させたときのゲームプットオプションの価格 $V_{gp}(s,0)$

$T=1,\ K=100,\ r=0.05,\ \sigma=0.3,\ N=10,000$

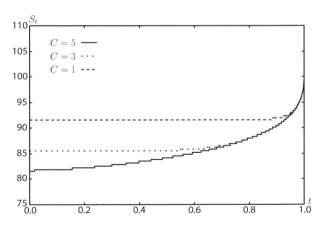

図 8.6 時刻 t に対するゲームプットオプションの買い手の最適行使境界 s_t^{gp}

$T=1,\ K=100,\ r=0.05,\ \sigma=0.3,\ N=10,000$

8.5 転換社債

転換社債とは，あらかじめ決められた期間内にあらかじめ定められた価格で発行企業の株式に転換する権利が付与された社債である．すなわち，株価が上昇した場合には，株式に転換して売却することで利益を得ることができることに加え，株価が下落したときには社債のまま保有して，クーポンと満期時に償還額面価額を受け取ることができるという投資家に有利な社債である．このように転換社債はオプションと見なすことができる．また，ほとんどの転換社債には 転換社債を発行する企業が転換社債を満期前に買い戻すことを認める償還条項が付与されている．本節ではクーポン支払いのない償還条項付き転換社債の評価を考える．

転換社債が株式へ転換される際，株式には希薄化が起こる．**希薄化**とは新株が発行されることで，株式数が増えるために，1株あたりの価値が減少することを表す．それを考慮するために，本節ではリスク中立確率測度の下で，企業価値が幾何ブラウン運動

$$dX_t = (r - \delta)X_t dt + \sigma X_t d\tilde{Z}(t)$$

に従うと仮定する．ただし，ここでの δ と σ はそれぞれ企業価値に対する連続的な配当率とボラティリティである．

時刻 t での企業価値が X_t の転換社債の総価値を $V_{cb}(X_t, t)$ とする．その企業価値は転換社債と株式 S_t との和からなるとする．すなわち

$$X_t = V_{cb}(X_t, t) + S_t$$

である．転換社債は満期 T をもち，T における額面総額を F とする．時刻 t で投資家が転換したときの価値は zX_t である．ただし，$z \in (0, 1)$ は転換のときに受け取る企業価値に対する転換率であり，希薄化因子である．企業の償還価格を F とすると，満期前の時刻 t で企業が償還したとき，企業は投資家に $\max(zX_t, F)$ を支払う．

そのとき，時刻 t での償還条項付き転換社債の価格は

$$V_{cb}(x, t) = \inf_{\tau_f \in \mathcal{T}_{t,T}} \sup_{\tau_i \in \mathcal{T}_{t,T}} J_{cb}^{t,x}(\tau_f, \tau_i) = \sup_{\tau_i \in \mathcal{T}_{t,T}} \inf_{\tau_f \in \mathcal{T}_{t,T}} J_{cb}^{t,x}(\tau_f, \tau_i) \tag{8.23}$$

で与えられる．ただし

$$
\begin{aligned}
&J_{cb}^{t,x}(\tau_f, \tau_i) \\
&= E_t^x\Big[e^{-r(\tau_f-t)}\max(zX_{\tau_f}, F)1_{\{\tau_f<\tau_i<T\}} + e^{-r(\tau_i-t)}zX_{\tau_i}1_{\{\tau_i\leq\tau_f<T\}} \\
&\quad + e^{-r(T-t)}\min(X_T, \max(zX_T, F))1_{\{\tau_f=\tau_i=T\}} \Big]
\end{aligned}
$$

である．また，転換社債の最適な償還および転換時刻

$$
\tau_{f,t}^{cb} = \inf\{\tau_f \in [t,T) \mid V_{cb}(X_{\tau_f}, \tau_f) = \max(zX_{\tau_f}, F)\} \wedge T
$$
$$
\tau_{i,t}^{cb} = \inf\{\tau_i \in [t,T) \mid V_{cb}(X_{\tau_i}, \tau_i) = zX_{\tau_i}\} \wedge T
$$

はそれぞれ，転換社債の価値と償還もしくは転換したときの価値が等しくなる最小到達時刻によって与えられる．

8.5.1 価格の分解

アメリカンオプションやゲームオプションと同様に，本節では転換社債の価格の分解を紹介する．比較のために，まず償還条項のない転換社債の価格について調べる．

償還条項のない転換社債の価格 $\overline{V}_{cb}(x,t)$ は

$$
\overline{V}_{cb}(x,t) = B(x,t) + V_{ec}(zx,t; B(x,t)) + \overline{p}_{cb}(x,t) \tag{8.24}
$$

へ分解される．ただし，$B(x,t)$ は普通社債の価格，$V_{ec}(zx,t;B(x,t))$ は行使対象が z 単位の企業価値であり，権利行使価格が社債 $B(x,t)$ のヨーロピアンコールオプションの価格，$\overline{p}_{cb}(x,t) \geq 0$ は早期転換プレミアム

$$
\overline{p}_{cb}(x,t) = E_t^x\left[\int_t^T e^{-r(u-t)}\delta X_u 1_{\{X_u \geq \overline{x}_u^{cb}\}}du \right] \tag{8.25}
$$

であり，$\{\overline{x}_t^{cb}; 0 \leq t < T\}$ は企業価値に対する投資家の最適転換境界である．(8.25) 式における償還条項のない転換社債に対する早期行使プレミアム $\overline{p}_{cb}(x,t)$ は，ゲームコールオプションやアメリカンコールオプションと同様に，配当支払いがない場合 ($\delta = 0$ のとき)，$\overline{p}_{cb}(x,t) = 0$ となる．

同様に，償還条項付き転換社債の価格は

$$V_{cb}(x,t) = B(x,t) + V_{ec}(zx,t;B(x,t)) + p_{cb}(x,t) - d_{cb}(x,t) \tag{8.26}$$

へ分解される．ただし，$p_{cb}(x,t) \geq 0$ と $d_{cb}(x,t) \geq 0$ はそれぞれ，早期転換プレミアムと早期償還割引額

$$p_{cb}(x,t) = E_t^x \left[\int_t^T e^{-r(u-t)} \delta X_u 1_{\{X_u \geq x_u^{cb}\}} du \right] \tag{8.27}$$

$$d_{cb}(x,t) = E_t^x \left[\int_t^T e^{-r(u-t)} \left(\frac{\partial V_{cb}}{\partial s}(x_u^{cb}+,u) - \frac{\partial V_{cb}}{\partial s}(x_u^{cb}-,u) \right) dL_u^x(x_u^{cb}) \right] \tag{8.28}$$

であり，$\{x_t^{cb}; 0 \leq t < T\}$ は企業価値に対する投資家の最適な転換境界 $\{x_u^{cb,i}; 0 \leq t < T\}$ と企業の最適な償還境界 $\{x_u^{cb,f}; 0 \leq t < T\}$ とのそれぞれの時刻 t に対する最小値 $x_t^{cb} = \min(x_t^{cb,i}, x_t^{cb,f})$ である．

8.5.2　離散時間モデル

本節では，アメリカンオプションやゲームオプションと同様に，数値的に転換社債の価格を求めるために，離散時間における転換社債の評価モデルを紹介する．償還条項付き転換社債の価格 (8.23) 式に対応する離散時点 k における $V_{cb}^N(k)$ は

$$V_{cb}^N(k) = \inf_{\tau_f \in \mathcal{T}_{k,N}^N} \sup_{\tau_i \in \mathcal{T}_{k,N}^N} J_{cb}^k(\tau_f, \tau_i) = \sup_{\tau_i \in \mathcal{T}_{k,N}^N} \inf_{\tau_f \in \mathcal{T}_{k,N}^N} J_{cb}^k(\tau_f, \tau_i)$$

で与えられる．ただし

$$\begin{aligned}
&J_{cb}^k(\tau_f, \tau_i) \\
&= E_k \Big[e^{-r(\tau_f - k)} \max(z X_{\tau_f}, F) 1_{\{\tau_f < \tau_i < N\}} + e^{-r(\tau_i - k)} z X_{\tau_i} 1_{\{\tau_i \leq \tau_f < N\}} \\
&\quad + e^{-r(N-k)} \min(X_N, \max(z X_N, F)) 1_{\{\tau_f = \tau_i = N\}} \Big]
\end{aligned}$$

である．動的計画法の最適性の原理より，$V_{cb}^N(k)$ は $k = N$ のとき

$$V_{cb}^N(N) = \min(X_N, \max(z X_N, F))$$

となり，$k = N-1, N-2, \cdots, 0$ のとき

$$V_{cb}^N(k) = \max\left(zX_k, \min\left(F, E_k\left[e^{-r\Delta t}V_{cb}^N(k+1)\right]\right)\right)$$

で与えられる．それぞれの時点 k における最適な転換境界 $x_k^{cb,i}$ は

$$x_k^{cb,i} = \arg\min_{X_k}\left\{V_{cb}^N(k) = zX_k\right\}$$

で与えられる．

演習問題

問題 8.1 株式に配当のないヨーロピアンコールオプションの価格 (8.6) を導出しなさい．

問題 8.2 株式に配当のないヨーロピアンプットオプションの価格 (8.7) を導出しなさい．

問題 8.3 永久アメリカンプットオプションの価格が (8.16) 式を満たすことを示しなさい．

第9章

リアルオプションとその応用

前章において金融資産を対象とするオプション評価モデルについて述べた．本章では，オプション評価モデルの考え方を実物資産への投資評価に適用するリアルオプションについて解説する．その後，リアルオプションの応用として資金調達および最適資本構成について論じる．オプションの対象資産として企業の投資プロジェクトからのキャッシュ・フローや需要量をオプションの対象としたとき，投資プロジェクトの採択および棄却ばかりでなく，投資の意思決定のタイミングや負の投資である退出のタイミングについても議論できる．さらに、リアルオプションによる投資の意思決定は，従来の正味現在価値による意思決定とは異なる可能性がある．

9.1 リアルオプションとは何か

第1章でも述べたように，投資には実物資産への投資と金融資産への投資とがある．新しい機械の購入や工場の建設などの新規投資プロジェクトの立ち上げ，あるいは新しい商品市場への参入など様々な戦略的意思決定の問題に企業は直面している．リアルオプション (real option) は，このような意思決定がもたらす不確実な将来のキャッシュ・フローを予測し，将来のキャッシュ・フローの変動に対応して意思決定を柔軟に行うことを可能にするアプローチである．経

営学およびミクロ経済学では投資プロジェクトの評価方法は基本的には第2章
2.3節で説明した正味現在価値に基づく方法である．この正味現在価値では，将
来のキャッシュ・フローを予測しその期待値を資金調達の資本コストを反映した
利子率で割り引くことで投資プロジェクトを評価しその採否の意思決定を行う．
これに対しリアルオプションでは，将来のキャッシュ・フローの不確実性を確率
変数の時系列である確率過程として表現し，この確率過程の割引現在価値を最大
（利益）または最小（コスト）にすることにより投資プロジェクトの採否と投資
のタイミングを決定する．したがって，正味現在価値基準では採択されなかった
投資プロジェクトであっても，リアルオプション基準では採択される可能性があ
る．評価基準として将来のキャッシュ・フローの期待割引現在価値を用いること
では，正味現在価値基準と通常のオプションおよびリアルオプションともに共通
である．

　次に従来のオプション評価法とリアルオプション評価法の相違点として次の3
点を列挙しておこう．

1) 従来のオプションの対象資産は金融資産であり，スポット市場が存在する．
   リアルオプションの対象資産である実物資産の多くは相対取引であって，金
   融資産のようなスポット市場は一般に存在しない．

2) リアルオプションの対象資産は実物投資からの需要量でありキャッシュ・フ
   ローである．ここで適用される割引率は，投資プロジェクトの実施に必要と
   される資金を調達するための資本コストを反映した要求収益率である．一方，
   従来のオプションの対象資産の価格は有価証券等のスポット市場の価格であ
   る．ここでは，完備市場を前提とした無リスク収益率である．したがって，
   リアルオプションの割引率 r は，対象資産の平均収益率 μ よりも常に大きい．
   すなわち，$r > \mu$ と仮定する．

3) 従来のオプション評価では，オプションの価格としての期待割引価値の収益
   率が無リスク資産の収益率に等しくなるようにその価値が決定される．ここ
   で期待値計算にはリスク中立確率が適用される．すなわち，オプションの正
   味現在価値はゼロである．一方，実物資産を対象とするリアルオプションで
   は，投資プロジェクトの期待割引価値が最大となる時点で投資プロジェクト
   を実施し，その価値は常に正である．

第9章　リアルオプションとその応用

9.2 参入モデルと退出モデル

本節では，リアルオプションの最も基本である投資プロジェクトへの参入モデルと退出モデルを紹介しよう．リアルオプションでは，対象資産として投資プロジェクトから産出される製品の売上高や市場の需要量などが考えられるが，ここでは収益としてのキャッシュ・フローをリアルオプションの対象資産とする．従来のアメリカンオプションと同様に，いつ権利行使をするかの意思決定を，リアルオプションでは投資プロジェクトを実施したとき生産される製品市場へいつ参入するかの問題を考える．これが参入モデルである．退出モデルでは，すでに実施しているプロジェクトの生産活動からの製品の需要量が伸び悩みキャッシュ・フローが減少傾向にあり，将来の成長が期待できないならば，実施中のプロジェクトによる生産活動をいつ停止し，プロジェクトから退出するかを考える．

9.2.1 参入モデル

ある商品市場への参入を考えている企業を想定しよう．この投資プロジェクトからの商品需要について市場調査をした結果，企業へのキャッシュ・フローは時間とともに変動する確率過程と見なすことができ，それは幾何ブラウン運動に従うとしよう．すなわち，確率変数 X_t を投資プロジェクトの時刻 t でのキャッシュ・フローとすれば，

$$dX_t = \mu X_t dt + \sigma X_t dW_t, \quad X_0 = x \tag{9.1}$$

である．ここで，μ と σ は X_t の期待成長率とボラティリティである．

T を参入の時刻とし，この参入時点での投資コストを K として，r を割引率とすれば，この投資プロジェクトの期待現在価値 $V(x)$ は

$$V(x) = \sup_{T>0} E_0^x \left[\int_T^\infty e^{-ru} X_u du - e^{-rT} K \right] \tag{9.2}$$

となる．ここで，$E_0^x[\cdot]$ は $X_0 = x$ のときの条件付き期待値を表す．キャッシュ・フローの確率的ダイナミクス (9.1) が与えられた下で，$V(x)$ を最大にする参入のタイミングを求める問題は最適停止問題と呼ばれる．このとき，停止時刻は確率変数であるので最適停止時刻の問題をキャッシュ・フローがある一定の水

167

準 x^*(閾値，留保値，指値) に到達したら参入する問題に変換する．(9.2) 式の問題は，確率変数である停止時刻 T を求める問題から確定値である閾値 x^* を求める問題に変換されたことになる．現時点を 0 としたとき，参入するまでの時間は (9.1) 式で与えられた確率過程 X_t が閾値 x^* に到達するまでの最小到達時間 (first passeage time) となる．(9.2) 式を最大にする閾値 x^* を求めれば，

$$x^* = \frac{\beta_1}{\beta_1 - 1}(r - \mu)K \tag{9.3}$$

となり，このときのプロジェクトの価値 $V(x)$ は

$$V(x) = \left(\frac{x^*}{r - \mu} - K\right)\left(\frac{x}{x^*}\right)^{\beta_1} \tag{9.4}$$

となる．ここで，β_1 は

$$\frac{1}{2}\sigma^2\beta(\beta - 1) + \mu\beta - r = 0 \tag{9.5}$$

の正の根であり，$\beta_1 = \frac{1}{2} - \frac{\mu}{\sigma^2} + \sqrt{\left(\frac{1}{2} - \frac{\mu}{\sigma^2}\right)^2 + \frac{2r}{\sigma^2}} > 1$ である．また，参入時刻 T の期待値は閾値までの最小到達時間の期待値であり，(9.4) 式から

$$E_0^x[e^{-rT}] = \left(\frac{x}{x^*}\right)^{\beta_1} \tag{9.6}$$

であるので，

$$E_0^x[T] = -\lim_{r \to 0}\frac{dE_0^x[e^{-rT}]}{dr} = \frac{\log(x/x^*)}{\mu - \frac{1}{2}\sigma^2} \tag{9.7}$$

となる．

9.2.2 退出モデル

すでに参入している商品市場は飽和状態から衰退状態に推移し，企業のキャッシュ・フローが減少し回復が見込まれないとき，企業はこの商品市場からの撤退を考えているとしよう．参入モデルと同じように，退出モデルにおいてもキャッシュ・フロー X_t がある水準 x_* 以下に到達したらこの市場から撤退するとしよう．撤退にあたり，設備などの処分価格と撤退コストを考慮して，撤退時の収

益 L が得られるとする．撤退時刻を T とすれば，この投資プロジェクトの価値 $V(x)$ は

$$V(x) = \sup_{T>0} E_0^x \left[\int_0^T e^{-ry} X_u du + e^{-rT} L \right]$$

$$= \frac{x}{r-\mu} + \left(L - \frac{x_*}{r-\mu} \right) \left(\frac{x}{x_*} \right)^{\beta_2} \tag{9.8}$$

となる．また，撤退するキャッシュ・フローの閾値は

$$x_* = \frac{\beta_2}{\beta_2 - 1}(r - \mu)L \tag{9.9}$$

となる．ただし，β_2 は二次方程式 (9.5) の負の根であり，$\beta_2 = \frac{1}{2} - \frac{\mu}{\sigma^2} - \sqrt{\left(\frac{1}{2} - \frac{\mu}{\sigma^2} \right)^2 + \frac{2r}{\sigma^2}} < 0$ である．撤退時刻 T の期待値も参入時刻の期待値と同様の方法で求めることができる．

9.3　リアルオプションと資金調達

　新規事業への参入や既存事業の拡大に対して，投資を行う企業にとって，そのための資金調達手段は重要な課題のひとつとなっている．その資金調達には，株式や普通社債，転換社債の発行などが挙げられる．図 9.1 は，企業の資金調達と投資の流れを示している．企業は，株主に対して株式を発行することで，資金を調達する．その際，株主は配当の支払いを受けることができる．一方で，企業は債権者に対して債券を発行することで，資金を調達する．その際，債権者はクーポンの支払いを受けることができる．このように集めた資金を利用して，企業は投資を行う．近年，不確実性下における資金調達を考慮した事業投資の理論的な価値評価法として，リアルオプションが用いられている．

　企業の資金調達と投資に関する時間の流れを図 9.2 に示す．企業は，ある投資時刻に株式と債券を発行することで資金を調達し，事業プロジェクトを実行する．その際，発行された株式の価値から倒産の可能性を評価する．また，発行された債券の保有者はクーポンの支払いを受けることができる．

　市場の需要レベル X_t を観測しながら，最適戦略を選択する企業を考える．ただし，X_t は幾何ブラウン運動 (9.1) 式に従うとする．すべてのステークホル

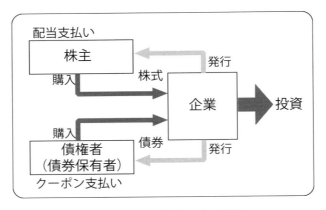

図 9.1　企業の資金調達と投資

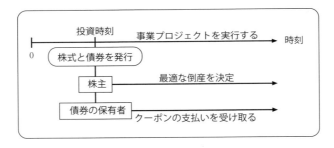

図 9.2　企業の資金調達と投資の時間の流れ

ダーはリスク中立で，将来のペイオフを割引率 $r(>\mu)$ で割引くとする．

9.3.1　普通社債の発行

Mauer and Sarkar (2005) や Sundaresan and Wang (2006) において研究された株式と債券で資金調達をする企業を考える．ただし，問題の簡易化のために債券は永久債であるとする．瞬間的なクーポン支払いを s とすると，株主は利益フロー $(1-\tau)(QX_t - s)$ を受け取るとする．ただし，$Q > 0$ は X_t に対する利益率，τ は法人税率である．

負債の発行により，株主は需要レベル X_t によって，企業を倒産させるインセ

ンティブをもつ．株主の最適倒産政策は，株式価値を最大化するために最適な倒産時刻を選択することである．T_d を倒産時刻，現在の需要レベルを $X_0 = x$ とすると，クーポン支払い s の普通社債で資金調達する企業の株式価値 $E(x, s)$ は

$$E(x, s) = \sup_{T_d > 0} E_0^x \left[\int_0^{T_d} e^{-ru}(1 - \tau)(QX_u - s)du \right] \tag{9.10}$$

で定式化される．任意のクーポン支払い s に対して，最適な倒産時刻 $T_d^*(s)$ は

$$T_d^*(s) = \inf\{T_d > 0 \mid X_{T_d} \leq x_d(s)\}$$

で与えられる．ただし，$x_d(s)$ は任意のクーポン支払い s に対する倒産の閾値である．(9.10) 式は，倒産まで株主はクーポン支払い後の課税控除された利益を受け取ることができ，倒産では株式価値がゼロ，すなわち株主は価値を受け取ることができないことを意味している．**ベルマン方程式**より，(9.10) 式における株式価値は $x > x_d(s)$ に対して，常微分方程式

$$\frac{1}{2}\sigma^2 x^2 \frac{d^2 E}{dx^2} + \mu x \frac{dE}{dx} - rE + (1 - \tau)(Qx - s) = 0 \tag{9.11}$$

を満たす．(9.11) 式の一般解は

$$E(x, s) = a_1 x^{\beta_1} + a_2 x^{\beta_2} + (1 - \tau)\left(\frac{Qx}{r - \mu} - \frac{s}{r}\right) \tag{9.12}$$

となる．$\lim_{x \to \infty} E(x, s) = \infty$ より，(9.12) 式における $a_1 = 0$ となり，

$$E(x, s) = a_2 x^{\beta_2} + (1 - \tau)\left(\frac{Qx}{r - \mu} - \frac{s}{r}\right)$$

となる．倒産の閾値 $x_d(s)$ において株式価値がゼロとなることを示すバリュー・マッチング条件

$$E(x_d(s), s) = 0$$

を用いることで，$x > x_d(s)$ に対する株式価値 $E(x, s)$ は

$$E(x, s) = \epsilon(x) - \frac{(1 - \tau)s}{r} - \left(\epsilon(x_d(s)) - \frac{(1 - \tau)s}{r}\right)\left(\frac{x}{x_d(s)}\right)^{\beta_2} \tag{9.13}$$

で与えられる．ただし，$\epsilon(x)$ は

$$\epsilon(x) = \frac{1-\tau}{r-\mu}Qx$$

である．倒産の閾値 $x_d(s)$ の最適性を保証するスムース・ペースティング条件

$$\frac{\partial E}{\partial x}(x_d(s), s) = 0$$

より，最適な倒産の閾値 $x_d(s)$ は

$$x_d(s) = \frac{r-\mu}{Q}\frac{\beta_2}{\beta_2-1}\frac{s}{r} \tag{9.14}$$

となる．

次に普通社債の価値を考える．債券保有者は倒産までクーポン支払い s を受け取ることができるので，債券の価値 $D_s(x,s)$ は

$$D_s(x,s) = E_0^x\left[\int_0^{T_d^*(s)} e^{-ru}sdu + e^{-rT_d^*(s)}(1-\theta)\epsilon(X_{T_d^*(s)})\right] \tag{9.15}$$

で定式化される．ただし，θ $(0 \leq \theta \leq 1)$ は倒産において必要な費用の割合であり，債券保有者は倒産において $(1-\theta)\epsilon(x)$ を受け取ることができる．ベルマン方程式より，倒産の閾値 $x_d(s)$ において，債券の価値が企業の残存価値と等しくなることを示すバリュー・マッチング条件

$$D_s(x_d(s), s) = (1-\theta)\frac{1-\tau}{r-\mu}Qx_d(s)$$

を用いることで，$x > x_d(s)$ に対する債券の価値 $D_s(x,s)$ は

$$D_s(x,s) = \frac{s}{r} + \left((1-\theta)\epsilon(x_d(s)) - \frac{s}{r}\right)\left(\frac{x}{x_d(s)}\right)^{\beta_2} \tag{9.16}$$

で与えられる．$x > x_d(s)$ に対する企業価値 $V_s(x,s)$ は (9.13) 式における株式価値と (9.16) 式における債券の価値の和として

$$\begin{aligned}V_s(x,s) &= E(x,s) + D_s(x,s)\\ &= \epsilon(x) + \frac{\tau s}{r}\left\{1 - \left(\frac{x}{x_d(s)}\right)^{\beta_2}\right\} - \theta\epsilon(x_d(s))\left(\frac{x}{x_d(s)}\right)^{\beta_2}\end{aligned} \tag{9.17}$$

でまとめられる．

9.3.2 転換社債の発行

次に,転換社債によって資金調達をする企業を考える (詳細については Yagi and Takashima (2012) を参照). ただし,ここでの転換社債には償還条項が付与されないと仮定する. 普通社債の発行と同様に,負債の発行により,最適倒産政策が構築される. 一方,転換社債の保有者は自身が保有する転換社債を最適政策の下で株式へ転換する. 転換社債での資金調達と投資の時間の流れを図 9.3 に示す.

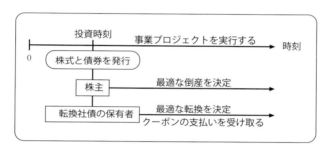

図 9.3 転換社債での資金調達と投資

株主の最適倒産政策は需要レベル X_t が小さくなったとき,株式価値を最大化するために最適な倒産時刻を選択することである. 一方,転換社債の保有者は需要レベル X_t が大きくなったとき,転換社債の価値を最大にするように転換社債を株式へ転換する. 両者の最適化問題は,同時に解かれなければならない. ここで,転換社債の保有者が転換社債を株式へ転換する際,元の株式の割合 η を受け取ることができるとする.

まず,株式と転換社債の価値を考える. T_d, T_c を倒産および転換時刻,$x_d(c)$, $x_c(c)$ を倒産および転換の閾値とする. クーポン支払い c の転換社債で資金調達

する企業の株式価値 $E(x,c)$ と転換社債の価値 $D_c(x,c)$ は

$$E(x,c) = \sup_{T_d > 0} E_0^x \left[\int_0^{T_c^*(c) \wedge T_d} e^{-ru}(1-\tau)(QX_u - c)du \right.$$

$$\left. + 1_{\{T_c^*(c) < T_d\}} \frac{1}{1+\eta} \int_{T_c^*(c)}^\infty e^{-ru}(1-\tau)QX_u du \right] \quad (9.18)$$

$$D_c(x,c) = \sup_{T_c > 0} E_0^x \left[\int_0^{T_c \wedge T_d^*(c)} e^{-ru} c\, du \right.$$

$$+ 1_{\{T_d^*(c) < T_c\}} e^{-rT_d^*(c)}(1-\theta)\epsilon(X_{T_d^*(c)})$$

$$\left. + 1_{\{T_c < T_d^*(c)\}} \frac{\eta}{1+\eta} \int_{T_c}^\infty e^{-ru}(1-\tau)QX_u du \right] \quad (9.19)$$

によって定式化され，最適な倒産および転換時刻は

$$T_d^*(c) = \inf\{T_d > 0 \mid X_{T_d} \leq x_d(c)\}$$
$$T_c^*(c) = \inf\{T_c > 0 \mid X_{T_c} \geq x_c(c)\}$$

となる．(9.18) 式は，株主は転換もしくは倒産までクーポン支払い後の利益を受け取ることができ，転換によってクーポンの支払いはなくなり，株式価値に希薄化が起こることを意味している．一方，(9.19) 式は，転換社債の保有者は転換もしくは倒産までクーポンの支払いを受け取ることができ，倒産において，企業の残存価値を受け取ることができ，転換において元の株式の割合 η を受け取ることができることを意味している．ベルマン方程式より，倒産の閾値 $x_d(c)$ において株式価値がゼロとなり，転換社債の価値が企業の残存価値と等しくなることを示すバリュー・マッチング条件

$$E(x_d(c), c) = 0$$
$$D_c(x_d(c), c) = (1-\theta)\frac{1-\tau}{r-\mu}Qx_d(c)$$

と転換の閾値 $x_c(c)$ において株式価値が希薄化後の価値と等しくなり，転換社債の価値が転換後の株式価値の割合 $\eta/(1+\eta)$ と等しくなるバリュー・マッチング

条件

$$E(x_c(c), c) = \frac{1}{1+\eta} \frac{1-\tau}{r-\mu} Q x_c(c)$$

$$D_c(x_c(c), c) = \frac{\eta}{1+\eta} \frac{1-\tau}{r-\mu} Q x_c(c)$$

を用いることで，株式価値 $E(x, c)$ および転換社債の価値 $D_c(x, c)$ は

$$E(x, c) = (1-\tau) \left(\frac{Qx}{r-\mu} - \frac{c}{r} \right) - (1-\tau) \left(\frac{Qx_d(c)}{r-\mu} - \frac{c}{r} \right) p_d(x; x_d(c), x_c(c))$$

$$- (1-\tau) \left(\frac{\eta}{1+\eta} \frac{Qx_c(c)}{r-\mu} - \frac{c}{r} \right) p_c(x; x_d(c), x_c(c)) \tag{9.20}$$

$$D_c(x, c) = \frac{c}{r} + \left((1-\theta) \frac{1-\tau}{r-\mu} Q x_d(c) - \frac{c}{r} \right) p_d(x; x_d(c), x_c(c))$$

$$+ \left(\frac{\eta}{1+\eta} \frac{1-\tau}{r-\mu} Q x_c(c) - \frac{c}{r} \right) p_c(x; x_d(c), x_c(c)) \tag{9.21}$$

で与えられる．ただし，$p_d(x; x_d(c), x_c(c))$ と $p_c(x; x_d(c), x_c(c))$ は

$$p_d(x; x_d(c), x_c(c)) = \frac{x_c(c)^{\beta_1} x^{\beta_2} - x_c(c)^{\beta_2} x^{\beta_1}}{x_c(c)^{\beta_1} x_d(c)^{\beta_2} - x_c(c)^{\beta_2} x_d(c)^{\beta_1}}$$

$$p_c(x; x_d(c), x_c(c)) = \frac{x^{\beta_1} x_d(c)^{\beta_2} - x^{\beta_2} x_d(c)^{\beta_1}}{x_c(c)^{\beta_1} x_d(c)^{\beta_2} - x_c(c)^{\beta_2} x_d(c)^{\beta_1}}$$

である．倒産の閾値 $x_d(c)$ と転換の閾値 $x_c(c)$ の最適性を保証するスムース・ペースティング条件

$$\frac{\partial E}{\partial x}(x_d(c), c) = 0$$

$$\frac{\partial D_c}{\partial x}(x_c(c), c) = \frac{\eta}{1+\eta} \frac{1-\tau}{r-\mu} Q$$

を用いて，非線形の連立方程式を解くことで $x_d(c)$ と $x_c(c)$ を得ることができる．また，$x_d(c) < x < x_c(c)$ に対する企業価値 $V_c(x, c)$ は (9.20) 式における株式価値と (9.21) 式における転換社債の価値の和として

$$V_c(x, c) = E(x, c) + D_c(x, c)$$

$$= \epsilon(x) + \frac{\tau c}{r} (1 - p_d(x; x_d(c), x_c(c)) - p_c(x; x_d(c), x_c(c)))$$

$$- \theta \epsilon(x_d(c)) p_d(x; x_d(c), x_c(c)) \tag{9.22}$$

となる．

9.3.3 投資プロジェクトの価値と最適資本構成

ここでは，株式のみで資金調達をする企業の最適投資戦略を示し，次に株式と普通社債，株式と転換社債で資金調達をすることで投資を行う企業の最適資本構成と最適投資戦略を紹介する．

株式のみでの資金調達

本節では，McDonald and Siegel (1986) や Dixit and Pindyck (1994) などにおいて研究された株式のみで資金調達をする企業を考える．企業の株主は投資において，初期投資価格 I を支払い，瞬間的な利益 $(1-\tau)QX_t$ を受け取ることができるとする．最適な投資ルールは，X_t が投資の閾値 x^* に到達する最小到達時刻にて，投資オプションを行使することである．T を投資時刻とすると，投資オプションの価値 $F_a(x)$ は

$$F_a(x) = \sup_{T>0} E_0^x \left[\int_T^\infty e^{-ru}(1-\tau)QX_u du - e^{-rT}I \right] \tag{9.23}$$

と定式化することができる．そのとき，最適な投資時刻 T^* は

$$T^* = \inf\{T > 0 \mid X_T \geq x^*\}$$

で与えられる．ベルマン方程式より得られる投資の閾値 x^* におけるバリュー・マッチング条件とスムース・ペースティング条件

$$F_a(x^*) = \frac{1-\tau}{r-\mu}Qx^* - I$$
$$\frac{dF_a}{dx}(x^*) = \frac{1-\tau}{r-\mu}Q$$

より，$x < x^*$ に対する投資オプションの価値 $F_a(x)$ と投資の閾値 x^* は

$$F_a(x) = (\epsilon(x^*) - I)\left(\frac{x}{x^*}\right)^{\beta_1} \tag{9.24}$$

$$x^* = \frac{1}{1-\tau}\frac{\beta_1}{\beta_1 - 1}\frac{r-\mu}{Q}I \tag{9.25}$$

で与えられる．

普通社債での資金調達

　株式と普通社債を発行し，資金を調達することで，投資をする企業を考える．企業価値を最大にするような最適なクーポン支払いを求める最適資本構成，すなわち普通社債の最適なクーポン支払い s は (9.17) 式で与えられる企業価値を投資時刻で最大化することで決定される．投資の一部を普通社債を発行することで資金調達する企業の株主の投資オプションの価値 $F_s(x)$ は

$$
\begin{aligned}
F_s(x) &= \sup_{T>0, s \geq 0} E_0^x \left[e^{-rT} \left(E(X_T, s) - \{ I - D_s(X_T, s) \} \right) \right] \\
&= \sup_{T>0, s \geq 0} E_0^x \left[e^{-rT} \left(V_s(X_T, s) - I \right) \right]
\end{aligned}
\tag{9.26}
$$

で定式化される．このとき，Sundaresan and Wang (2006) より，任意の x に対する最適なクーポン支払い $s^*(x)$ は

$$
s^*(x) = \arg\max_{s>0} V_s(x, s) = \frac{r}{r - \mu} \frac{\beta_2 - 1}{\beta_2} \frac{Qx}{h} > 0
\tag{9.27}
$$

となる．ただし，h は

$$
h = \left(1 - \beta_2 \left(1 - \theta + \frac{\theta}{\tau} \right) \right)^{\frac{1}{\beta_2}}
$$

と定義される．投資の閾値におけるバリュー・マッチング条件とスムース・ペースティング条件

$$
F_s(x^*) = V_s(x^*, s^*(x^*)) - I
$$
$$
\frac{dF_s}{dx}(x^*) = \frac{\partial V_s}{\partial x}(x^*, s^*(x^*))
$$

より，$x < x^*$ に対する投資オプションの価値 $F_s(x)$ と投資の閾値 x^* は

$$
F_s(x) = (V_s(x^*, s^*(x^*)) - I) \left(\frac{x}{x^*} \right)^{\beta_1}
\tag{9.28}
$$

$$
x^* = \frac{\psi}{1 - \tau} \frac{\beta_1}{\beta_1 - 1} \frac{r - \mu}{Q} I
\tag{9.29}
$$

となる．ただし，ψ は

$$
\psi = \left(1 + \frac{\tau}{(1 - \tau)h} \right)^{-1} < 1
$$

で与えられる．

9.3.4 転換社債での資金調達

転換社債で資金調達をする場合を考える．普通社債の場合と同様に，最適資本構成は (9.22) 式で与えられる企業価値を投資時刻で最大化することで決定される．転換社債によって資金調達する企業の株主の投資オプションの価値 $F_c(x)$ は

$$F_c(x) = \sup_{T>0, c\geq 0} E_0^x \left[e^{-rT} \left(V_c(X_T, c) - I \right) \right] \tag{9.30}$$

で定式化される．このとき，任意の x に対する最適なクーポン支払い $c^*(x)$ は

$$c^*(x) = \arg\max_{c>0} V_c(x, c) \tag{9.31}$$

となる．投資の閾値におけるバリュー・マッチング条件

$$F_c(x^*) = V_c(x^*, c^*(x^*)) - I$$

より，投資オプションの価値は

$$F_c(x) = \left(V_c(x^*, c^*(x^*)) - I \right) \left(\frac{x}{x^*} \right)^{\beta_1} \tag{9.32}$$

となる．また，投資の閾値におけるスムース・ペースティング条件

$$\frac{dF_c}{dx}(x^*) = \frac{\partial V_c}{\partial x}(x^*, c^*(x^*))$$

から導かれる非線形方程式を解くことで，転換社債で資金調達した場合の投資の閾値 x^* を得ることができる．

演習問題

問題 9.1 退出モデルにおいて，最小到達時間 T の期待値 $E[T|X(0) = x]$ を求めなさい．

問題 9.2 投資プロジェクトからのキャッシュ・フロー $X(t)$ が幾何ブラウン運動に従うならば，投資プロジェクトの価値 $V(x)$ は常微分方程式

$$\frac{1}{2}\sigma^2 x^2 \frac{d^2 V}{dx^2} + \mu x \frac{dV}{dx} - rV = 0$$

を満たすことを示しなさい．

第9章 リアルオプションとその応用

問題 9.3 参入モデルにおいて，(9.4) 式の $V(x)$ は $x = x^*$ において $x - K$ に接していることを示しなさい.

問題 9.4 退出モデルにおいて，投資プロジェクトのキャッシュ・フローを $X(t)$ とする．参入中に固定費 K と退出時に退出費用 E が生じる場合，この投資プロジェクトの価値 $V(x)$ を求めなさい.

参 考 文 献

1) 池田昌幸 (2000)：金融経済学の基礎，朝倉書店
2) 岩城秀樹 (2008)：確率解析とファイナンス，共立出版
3) 木島正明，鈴木輝好，後藤允 (2012)：ファイナンス理論入門，朝倉書店
4) 木島正明，中岡英隆，芝田隆志 (2008)：リアルオプションと投資戦略，朝倉書店
5) 木村俊一 (2002)：金融工学入門，実教出版
6) 木村俊一 (2011)：ファイナンス数学，ミネルヴァ書房
7) 澤木勝茂 (1994)：ファイナンスの数理，朝倉書店
8) 澤木勝茂，鈴木淳生 (2011)：コーポレート・ファイナンス，ミネルヴァ書房
9) 田畑吉雄 (2004)：リスク測度とポートフォリオ管理，朝倉書店
10) 董晶輝，飯原慶雄 (2014)：「リアルオプション・モデル」，日本経営数学会誌，第 36 巻 第 1・2 号，40–58
11) 枇々木規雄，田辺隆人 (2005)：ポートフォリオ最適化と数理計画法，朝倉書店
12) 八木恭子，澤木勝茂 (2005)：「償還条項付き転換社債の評価について」，経営財務研究，第 23 巻 第 2 号，68–84
13) Black, F. (1972): "Capital market equilibrium with restricted borrowing," *The Journal of Business*, **45**, 444–455
14) Black, F. and Scholes, M. (1973): "The Pricing of Options and Corporate Liabilities," *Journal of Political Economy*, **81**, 637–654
15) Dixit, A.K. and Pindyck, R.S. (1994): *Investment under Uncertainty*, Princeton University Press
16) Fama, E.F. (1970): "Efficient capital markets: A review of theory and empirical work," *The Journal of Finance*, **25**, 383–417
17) Hull, J.C., 三菱 UFJ 証券 市場商品本部訳 (2016): *Options, Futures, and Other Derivatives (9th Edition)* (フィナンシャルエンジニアリング (第 9 版))，きんざい
18) Wilmott, P., Howison, S. and Dewynne, J., 伊藤幹夫，戸瀬信之訳 (1995): *The Mathematics of Financial Derivatives: A Student Introduction* (デリバティブの数学入門)，共立出版

19) Karatzas, I. and Shreve, S. (1991): *Brownian Motion and Stochastic Calculus*, Springer

20) Lintner, J. (1965): "The valuation of risk assets and the selection of risky investments in stock portfolios and capital budgets," *The Review of Economics and Statistics*, **47**, 13–37

21) Markowitz, H.M. (1952): "Portfolio selection," *The Journal of Finance*, **7**, 77–91

22) Mauer, D.C. and Sarkar, S. (2005): "Real option, agency conflicts, and optimal capital structure," *Journal of Banking and Finance*, **29**, 1405–1428

23) McDonald, R. and Siegel, D. (1986): "The value of waiting to invest," *The Quarterly Journal of Economics*, **101**, 707–727

24) Mossin, J. (1966): "Equilibrium in a capital asset market," *Econometrica*, **34**, 768–783

25) Roll, R. (1977): "A critique of the asset pricing theory's tests Part I: On past and potential testability of the theory," *Journal of Financial Economics*, **4**, 129–176

26) Ross, S.A. (1976): "The arbitrage theory of capital asset pricing," *Journal of Economic Theory*, **13**, 341–360

27) Sharpe, W.F. (1964): "Capital asset prices: A theory of market equilibrium under conditions of risk," *The Journal of Finance*, **19**, 425–442

28) Sharpe, W.F. (1966): "Mutual fund performance," *The Journal of Business*, **39**, 119–138

29) Solnik, B. (1974): "An equilibrium model of the international capital market," *Journal of Economic Theory*, **8**, 500–524

30) Sundaresan, S. and Wang, N. (2006): "Dynamic investment, capital structure, and debt overhang," *Working Paper*, Columbia University

31) Wilmott, P., Howison, S. and Dewynne, J., 伊藤幹夫, 戸瀬信之訳 (1995): *The Mathematics of Financial Derivatives: A Student Introduction* (デリバティブの数学入門), 共立出版

32) Yagi, K. and Sawaki, K. (2005): "The Valuation and Optimal Strategies of Callable Convertible Bonds," *Pacific Journal of Optimization*, Yokohama Publishers, **1**, 375–386

33) Yagi, K. and Sawaki, K. (2007): "On the Valuation and Optimal Boundaries of Convertible Bonds with Call Notice Periods," *Recent Advances in Stochastic Operations Research*, World Scientific, 189–202

34) Yagi, K. and Sawaki, K. (2010): "The Valuation of Callable-Puttable Reverse Convertible Bonds," *Asia-Pacific Journal of Operational Research*, **27**, 189–

209

35) Yagi, K. and Takashima, R. (2012): "The impact of convertible debt financing on investment timing," *Economic Modelling*, **29**, 2407–2416

演習問題解答

第1章

問題 1.1 消費者によって高く評価された商品・サービスは企業に収益をもたらす．すなわち，商品市場で評価されたキャッシュ・フロー（収益）が当該企業に流入する．その結果，資本市場で発行される株価を引上げ，債券の金利を引き下げる．このように企業の資金調達コストを引き下げる．

問題 1.2 完全市場の下で市場参加者は，無リスク利子率で無制限に資金の貸し借りが可能となり，ポートフォリオやリスク証券の収益率を無リスク化することが可能となって，リスク中立化法による資産評価を適用できる．

問題 1.3

	社債	株式	コール1	コール2
状態1	1	0	0	0
状態2	1	1	0	0
状態3	1	2	1	0
状態4	1	3	2	1

$$A \equiv \begin{bmatrix} 1 & 0 & 0 & 0 \\ 1 & 1 & 0 & 0 \\ 1 & 2 & 1 & 0 \\ 1 & 3 & 2 & 1 \end{bmatrix}$$

$K = 1$ とする．コール1は支払関数 $\max(0, s-1)$ をもち，コール2は支払関数 $\max(0, s-2)$ をもつとすれば，資本市場は4つの状態と4つの一次独立な証券からなるので，行列 A は完備であり，$AA^{-1} = I$ となる A^{-1} をもつ．したがって，アロー・デブリュー証券を複製することができる．

問題 1.4 1.4節を参照せよ．

問題 1.5 1.1節を参照せよ．

第 2 章

問題 2.1 金融投資の対象資産についてリスクが存在するとき，リスク回避的な投資家は期待値よりも大きなリターンを要求する．この増加部分をリスク・プレミアムと呼ぶ．リスクを減少させる効果のある条項や制約付の金融商品の価格は，そのリスクの減少相当分だけ割引いて低く評価される．

問題 2.2 証明は背理法による．もし無リスク証券の価格が P_1 と P_2，$P_1 < P_2$，の 2 つが存在したならば，P_1 で購入して P_2 で売却すれば，確定的な正の裁定利潤 $P_2 - P_1 > 0$ を得る．あるいは P_2 で空売りして P_1 で返却すれば，同様にして裁定利潤を得ることができる．$P_1 > P_2$ の場合も同様の議論が成り立つ．したがって，均衡では $P_1 = P_2$ が成立する．

問題 2.3 $r = 0.06/12 = 0.005$ が月当りの利子率であるので，$\alpha = 1/(1 + r)$ とすれば，20 年間の預金の現在価値は

$$X + \alpha X + \alpha^2 X + \cdots + \alpha^{239} X = X \frac{1 - \alpha^{240}}{1 - \alpha}$$

となる．30 年後に毎月初めに引き出される金額 20 万円の現在価値は

$$20\alpha^{240} + 20\alpha^{241} + \cdots + 20\alpha^{599} = 20\alpha^{240} \frac{1 - \alpha^{360}}{1 - \alpha}$$

であるので，この両者が等しくなる X を求めればよい．すなわち

$$X \frac{1 - \alpha^{240}}{1 - \alpha} = 20\alpha^{240} \frac{1 - \alpha^{360}}{1 - \alpha}$$

とおいて $\alpha = 1/(1 + 0.005)$ とすれば

$$X \approx 7.22$$

となるので，毎月 7 万 2200 円を預金すれば，その後 30 年間月額 20 万円引き出すことができる．

問題 2.4

$$\bar{x} = \frac{(4.3 + 6.1 + \cdots + 9.2)}{15} \fallingdotseq 6.94$$

$$s^2 = \frac{(4.3 - \bar{x})^2 + (6.1 - \bar{x})^2 + \cdots + (9.2 - \bar{x})^2}{14} \fallingdotseq 5.49$$

演習問題解答

問題 2.5 賞金を X とすれば

$$E[X] = 10,000,000 \times \frac{2}{1,000,000} + 1,000,000 \times \frac{5}{1,000,000}$$

$$+100,000 \times \frac{20}{1,000,000} + 1,000 \times \frac{1,000}{1,000,000}$$

$$= 20 + 5 + 2 + 1 = 28$$

$$\sigma^2 = E[X^2] - (E[X])^2 = 205,199,432.8$$

問題 2.6 X は二項分布に従い，その平均は $E[X] = 20$，分散は $\sigma^2 = 10$ である.

$$P(X = 20) = P(19.5 < X < 20.5)$$

$$= P\left(\frac{19.5 - 20}{\sqrt{10}} < \frac{X - 20}{\sqrt{10}} < \frac{20.5 - 20}{\sqrt{10}}\right)$$

$$= P\left(-0.16 < \frac{X - 20}{\sqrt{10}} < 0.16\right)$$

$$= \Phi(0.16) - \Phi(-0.16)$$

ここで $\Phi(\cdot)$ は標準正規分布である．標準正規分布の性質より，$\Phi(-0.16) = 1 - \Phi(0.16)$ であるので，正規分布表より正規近似

$$P(X = 20) = 2\Phi(0.16) - 1 \approx 0.1272$$

を得る．厳密解は二項分布表より次で与えられる．

$$P(X = 20) = {}_{40}C_{20}\left(\frac{1}{2}\right)^{40} = 0.1268$$

第 3 章

問題 3.1 3.4 節を参照せよ．実務上の問題としては，投資家がリスクをどのように考え，リスク尺度として株価収益率の標準偏差を採用するか否かに依存する．また，共分散行列を計算するのに要する時間をどの程度まで許容するか，すなわち時々刻々と変動する株価の数値とポートフォリオに組み入れる株の種類に比例して共分散行列の逆行列の計算時間は増大する．

問題 3.2

$$E[u(W)] = c + a\mu + b(\sigma^2 + \mu^2)$$

となって，μ と σ のみの関数となる．

問題 3.3 投資家の期待効用は

$$E[u(W)] = 1 \cdot P(W > d) = 1 - P(W \le d)$$

となるので，期待効用を最大にすることは確率 $P(W \le d)$ を最小にすることに一致する．

問題 3.4 ポートフォリオ収益 R_x の分散は

$$Var(R_x) = 0.04x^2 + 0.09(1-x)^2 + 2x(1-x) \times 0.018$$

である．これを最小にする x を求めるために

$$\frac{\partial Var(R_x)}{\partial x} = 0.08x - 0.18(1-x) + 0.036 - 0.072x = 0$$

を解くと，$x = \dfrac{36}{47}$, $1 - x = \dfrac{11}{47}$ となる．

問題 3.5 ポートフォリオ $x = (x_1, x_2, x_3)^T$ のリターン R とその分散 σ^2 はそれぞれ

$$R = x_1 + 2x_2 + 4x_3$$
$$\sigma^2 = x_1^2 + 2x_2^2 + 3x_3^2$$

となるので，二次計画問題は

$$\min \ \frac{1}{2}(x_1^2 + 2x_2^2 + 3x_3^2)$$

制約条件：

$$\begin{vmatrix} x_1 + 2x_2 + 4x_3 = E[R] \\ x_1 + x_2 + x_3 = 1 \end{vmatrix}$$

であり，ラグランジュ関数 $L = L(x_1, x_2, x_3, \lambda_1, \lambda_2)$ は

$$L = \frac{1}{2}(x_1^2 + 2x_2^2 + 3x_3^2) + \lambda_1(E[R] - x_1 - 2x_2 - 4x_3) + \lambda_2(1 - x_1 - x_2 - x_3)$$

となる．最適解の条件は次式で与えられる．

$$\frac{\partial L}{\partial x_1} = x_1 - \lambda_1 - \lambda_2 = 0 \tag{1}$$

$$\frac{\partial L}{\partial x_2} = 2x_2 - 2\lambda_1 - \lambda_2 = 0 \tag{2}$$

$$\frac{\partial L}{\partial x_3} = 3x_3 - 4\lambda_1 - \lambda_2 = 0 \tag{3}$$

$$\frac{\partial L}{\partial \lambda_1} = E[R] - x_1 - 2x_2 - 4x_3 = 0 \tag{4}$$

$$\frac{\partial L}{\partial \lambda_2} = 1 - x_1 - x_2 - x_3 = 0 \tag{5}$$

(1), (2), (3) 式の x_1, x_2, x_3 をそれぞれ，(4), (5) 式へ代入すれば，

$$\lambda_1 = -\frac{4}{5} + \frac{11}{25}E[R], \quad \lambda_2 = 2 - \frac{4}{5}E[R]$$

を得る．これを ((1)), ((2)), ((3)) へ代入すれば，最適なポートフォリオは

$$x_1^* = \frac{6}{5} - \frac{9}{25}E[R], \quad x_2^* = \frac{1}{5} + \frac{1}{25}E[R], \quad x_3^* = -\frac{2}{5} + \frac{8}{25}E[R]$$

となるので，これを分散 σ^2 に代入して整理すれば，

$$\left(E[R] - \frac{104}{55}\right)^2 = \frac{25}{11}\sigma^2 + \frac{36}{3025}$$

を得る．これを $(E[R], \sigma)$ 平面上に描けば，双曲線の上側半分が効率的ポートフォリオとなる．

問題 3.6 $E[R] = 1/3$, $Var(R) = 1/18$ となる．

$$\int_0^{\mathrm{VaR}} f(r)\, dr = \left[2\left(r - \frac{r^2}{2}\right)\right]_0^{\mathrm{VaR}} = 2\mathrm{VaR} - (\mathrm{VaR})^2 = 0.33$$

となる VaR は，$\mathrm{VaR} = 1 - \sqrt{0.67} \approx 0.18$ である．

問題 3.7 加重平均収益率は

$$100(1+i) + 10(1+i)^{3/4} + 5(1+i)^{1/2} + 10(1+i)^{1/4} = 150$$

を i について解けば，$i = 22.3\%$ となる．

時間平均収益率は

$$1 + i = \frac{110}{100} \cdot \frac{140}{120} \cdot \frac{150}{145} \cdot \frac{150}{160}$$

より，$i = 24.5\%$ となる．

第 4 章

問題 4.1 期待効用を最大化する最適条件より

$$E[u_i'(W_i)(R_j - r_0)] = 0$$

が成立する．ただし，投資家 i の富 $W_i = W_0^i(1+r_0) + \sum_{j=1}^{N} x_{ij}(R_j - r_0)$ であり，W_0^i は初期の富である．$u_i'(W_i) = a_i - b_i W_i$ を上式に代入して整理すれば

$$((a_i/b_i) - E[W_i])\, E[R_j - r_0] = Cov(W_i, R_j)$$

を得る．この式を i について和をとれば

$$\sum_i \left((a_i/b_i) - E[W_i]\right) E[R_j - r_0] = Cov\left(\sum_i W_i, R_j\right)$$

となるので $M = \sum_i W_i$, $m_0 = \sum_i W_0^i$ とおいて上式は

$$\left(\sum_i (a_i/b_i) - E[M]\right) E[R_j - r_0] = m_0 Cov(R_M, R_j) \tag{6}$$

となる．この式は市場ポートフォリオについても成立するので

$$\left(\sum_i (a_i/b_i) - E[M]\right) E[R_M - r_0] = m_0 Var(R_M) \tag{7}$$

を得る．(6) 式を (7) 式で割れば，CAPM の公式 (4.10) 式または (4.17) 式を得る．

問題 4.2 保有ポートフォリオの下で 3 つの収益率の比率を計算すれば

証券 A	$45 \times 1.0 = 45.0$	$45.0/112.5 = 40.0\%$
証券 B	$35 \times 1.3 = 45.5$	$45.5/112.5 = 40.4\%$
証券 C	$20 \times 1.1 = 22.0$	$22.0/112.5 = 19.6\%$
	計 112.5	計 100.0%

となるので各証券の β 値の比率は

証券 A	$0.400 \times 0.6 = 0.2400$
証券 B	$0.404 \times 1.2 = 0.4848$
証券 C	$0.196 \times 0.8 = 0.1568$
	計 $0.8816 \equiv \beta_P$

であるので，保有ポートフォリオの β 値は 0.8816 である．

したがって，$E[R_M] - r_0 = 5 - 2 = 3(\%)$ であるので，CAPM の公式よりポートフォリオの期待収益率は

$$E[R_P] = r_0 + \beta_P(E[R_M] - r_0) = 2 + 0.8816 \times 3 = 4.6488(\%).$$

問題 4.3

$$E[R] = r_0 + \frac{E(R_M) - r_0}{\sigma_M} \cdot \sigma = 0.02 + \frac{0.14 - 0.02}{0.2} \cdot \sigma = 0.02 + 0.6\sigma$$

演習問題解答

問題 4.4 CAPM の仮定の下で

$$\beta = \frac{0.05}{(0.20)^2} = 1.25$$

であるので

$$E[R] = r_0 + \beta(E[R_M] - r_0) = 0.05 + 1.25 \times (0.10 - 0.05) = 0.1125$$

第 5 章

問題 5.1

(1)

$$\begin{cases} 50x_A + 30x_B = 38 \\ 100x_A + 120x_B = 112 \\ x_A + x_B = 1 \end{cases}$$

より $x_A = 0.4$, $x_B = 0.6$. このときポートフォリオの購入価格は $0.4 \times 70 + 0.6 \times 60 = 64$ である. 証券 C の購入価格は 80 であるので, 証券 A と B からなるポートフォリオを上述の比率で購入して, 証券 C を空売りすれば, 裁定利潤を得る.

(2) 証券 A に 40 万円, 証券 B に 60 万円投資する. そのとき, 証券 C への投資額は -100 万円である.

証券	投資額	状態 1	状態 2
A	40	28.5715	57.1429
B	60	30.0000	120.0000
C	-100	-47.5000	-140.0000
計	0	11.0715	37.1429

状態 1, 2 のいずれが実現しても無リスクな利潤が得られるので裁定機会が存在する.

問題 5.2 A と C に投資比率 $(P, 1 - P)$ からなるポートフォリオを考える. $P = \frac{2}{3}, 1 - P = \frac{1}{3}$ とすれば

$$\frac{2}{3} \times 0.6 + \frac{1}{3} \times 1.8 = \frac{3.0}{3} = 1.0$$

191

となって，1.0 は有価証券 B のリスクパラメータである．各証券の期待収益はそれぞれ，

$$\text{有価証券 A} \quad 0\% + 10\% \times 0.6 = 6\%$$
$$\text{有価証券 B} \quad 0\% + 10\% \times 1.0 = 10\%$$
$$\text{有価証券 C} \quad 0\% + 10\% \times 1.8 = 18\%$$

となる．

問題 5.3 すべての状態 i に対してその期待利得 $\theta_i P_i - 1 \cdot (1 - P_i) = 0$ が成立すればよい．$P_i = 1/(1 + \theta_i)(i = 1, 2, \cdots, m)$

問題 5.4 5.3 節を参照せよ．

第 6 章

問題 6.1

$$\text{債券価格} = \frac{0.1}{1.06} + \frac{1.1}{(1.06)^2} \fallingdotseq 1.073$$
$$\text{デュレーション} = \frac{1}{1.073} \frac{1}{1.06} \left[\frac{0.1}{1.06} + \frac{2.2}{(1.06)^2} \right] \fallingdotseq 1.804$$

問題 6.2 6% から 3% に変化したときの 3% の債券価格は，$1.073 \times (1 + 0.03 + 1.804) \fallingdotseq 3.042$．3% の債券価格は

$$\frac{0.1}{1.03} + \frac{1.1}{(1.03)^2} \fallingdotseq 1.134$$

となる．

問題 6.3 (6.4) 式より $V = -\frac{1}{P} \frac{dP}{di}$ である．
2 つの期間構造の下での債券価格 P，P' はそれぞれ

$$P = \frac{10}{1.10} + \frac{10}{(1.11)^2} + \frac{10}{(1.12)^3} + \frac{10}{(1.13)^4} + \frac{110}{(1.14)^5} \fallingdotseq 87.589$$
$$P' = \frac{10}{1.11} + \frac{10}{(1.12)^2} + \frac{10}{(1.13)^3} + \frac{10}{(1.14)^4} + \frac{110}{(1.15)^5} \fallingdotseq 84.522$$

したがって，$dP = 87.589 - 84.522 = -3.067$，$di = 0.01$ であるので

$$V = \frac{-(-3.067)}{87.589} \Big/ 0.01 \fallingdotseq 3.502$$

演習問題解答

問題 6.4 債券価格 $P(r)$ を最小にする r_0 を目標利子率としたとき，r_0 以外の利子率が実現すれば，そのときの $f(r)$ は $f(r_0)$ より大きくなる．詳しくは，6.3 節を参照せよ．

問題 6.5

$$100 = \frac{C/2}{1 + i_1} + \frac{C/2}{(1 + i_2)^2} + \cdots + \frac{C/2}{(1 + i_{2n})^{2n}}$$

より $n = 1$ のとき

$$\frac{C}{2}(\%) = \frac{(1 + i_1)(1 + i_2) - 1}{(1 + i_2) + 1}$$

を得る．

$$\frac{C}{2}(\%) = \frac{1.1 \times 1.05 - 1}{1.05 + 1} \fallingdotseq 0.076$$
$$C = 0.076 \times 2 = 0.152 = 15.2\%$$

第 7 章

問題 7.1 $f(x) = \log x$ とすれば，$f_x = 1/x$，$f_{xx} = -1/x^2$ であるので，伊藤の微分則 (7.22) 式より

$$df = \left\{ \frac{1}{X} \cdot \mu X + \frac{1}{2}\left(-\frac{1}{X^2}\sigma^2 X^2 \right) \right\} dt + \frac{1}{X}\sigma X dZ(t)$$
$$= \left(\mu - \frac{\sigma^2}{2} \right) dt + \sigma dZ(t)$$

を得る．$f = \log X$ であるので $X = e^f$ より上式は

$$\log X(t) = \left(\mu - \frac{\sigma^2}{2} \right) t + \sigma Z(t) + \log X(0)$$

となって

$$X(t) = X(0)e^{\left(\mu - \frac{1}{2}\sigma^2 \right)t + \sigma Z(t)}$$

193

問題 **7.2**

$$E[X(t)] = X(0)e^{\left(\mu - \frac{1}{2}\sigma^2\right)t}E\left[e^{\sigma Z(t)}\right]$$

$$= X(0)e^{\left(\mu - \frac{1}{2}\sigma^2\right)t}e^{\frac{1}{2}\sigma^2 t}$$

$$= X(0)e^{\mu t}$$

$$Var(X(t)) = X^2(0)\,Var\left(e^{\left(\mu - \frac{1}{2}\sigma^2\right)t + \sigma^2 Z(t)}\right)$$

$$= X^2(0)e^{\left(\mu - \frac{1}{2}\sigma^2\right)t}\,Var\left(e^{\sigma^2 Z(t)}\right)$$

$$= X^2(0)e^{\left(\mu - \frac{1}{2}\sigma^2\right)t}\left(e^{2\sigma^2 t} - e^{\sigma^2 t}\right)$$

$$= X^2(0)e^{2\mu t}\left(e^{\sigma^2 t} - 1\right)$$

問題 **7.3** $f(x,t) = \exp\left\{-(\theta x + \frac{1}{2}\theta^2 t)\right\}$ とおいて伊藤の微分則を適用すれば

$$d\exp(Q(t)) = d\exp\left\{-\theta Z(t) + \frac{1}{2}\theta^2 t\right\} = -\theta\exp(Q(t))dZ(t)$$

より $s < t$ に対して

$$E\left[e^{Q(t)} \mid Q(s)\right] = e^{Q(s)}$$

問題 **7.4** $P_t = \frac{\partial P}{\partial t}$ と $P_{xx} = \frac{\partial^2 P}{\partial x^2}$ を計算して，$P_t = \frac{1}{2}P_{xx}$ を示せばよい．

問題 **7.5** $dX(t) = 0 \cdot dt + 1 \cdot dZ(t)$ とおいて

$$f(Z(t),t) = X(t) = X(0)\exp\left[\int_0^t\left(\mu(S) - \frac{1}{2}\sigma^2(S)\right)dS\right]$$

とおけば

$$f_t = \left(\mu(t) - \frac{1}{2}\sigma^2(t)\right)f, \quad f_z = \sigma(t)f, \quad f_{zz} = \sigma^2(t)f$$

となる．$dX(t) = 0 \cdot dt + 1 \cdot dZ(t)$ の下で $f(x,t) = f(Z,t)$ に対して伊藤の微分則を適用すれば

$$df = \left[\left(\mu(t) - \frac{\sigma^2(t)}{2}\right)f + \sigma(t)f \cdot 0 + \frac{1}{2}\sigma^2(t)f \cdot (1)^2\right]dt + \sigma(t) \cdot f \cdot 1 \cdot dZ(t)$$

$$= \mu(t)fdt + \sigma(t)fdZ(t)$$

を得る．明らかに $f = X$ であるので $dX = \mu(t)Xdt + \sigma(t)XdZ(t)$ となる．

演習問題解答

問題 7.6 $X \sim N(0, \sigma^2)$

$$E[\exp(iuX)] = \int_{-\infty}^{\infty} e^{iux} \frac{1}{\sqrt{2\pi}\sigma} e^{-\frac{x^2}{\sigma^2}} dx = \int_{-\infty}^{\infty} \frac{1}{\sqrt{2\pi}\sigma} \exp\left\{\frac{-(x^2 - \sigma^2 iux)}{\sigma^2}\right\} dx$$

$$= \int_{-\infty}^{\infty} \frac{1}{\sqrt{2\pi}\sigma} \exp\left\{\frac{-(x - \frac{\sigma^2 iu}{2})^2}{\sigma^2} + \frac{\sigma^2 i^2 u^2}{4}\right\} dx = e^{\frac{-\sigma^2 u^2}{4}}$$

問題 7.7

$$P(S_{t+1} = k + 1 \mid S_t = k) = P(S_t + X_t = k + 1 \mid S_t = k) = P(X_t = 1) = p$$
$$P(S_{t+1} = k - 1 \mid S_t = k) = P(S_t + X_t = k - 1 \mid S_t = k) = P(X_t = -1) = 1 - p$$

$E[S_{t+1} \mid S_t = k]] = (k+1)p + (k-1)(1-p) = (2p-1) + k$ となるので,

$$p > \frac{1}{2} \text{のとき}, E[S_{t+1} \mid S_t = k] > k \text{ となって, 劣マルチンゲール}$$

$$p < \frac{1}{2} \text{のとき}, E[S_{t+1} \mid S_t = k] < k \text{ となって, 優マルチンゲール}$$

$$p = \frac{1}{2} \text{のとき}, E[S_{t+1} \mid S_t = k] = k \text{ となって, マルチンゲール}$$

である.

第 8 章

問題 8.1 株価過程が従う幾何ブラウン運動

$$dS_t = rS_t dt + \sigma S_t d\tilde{Z}(t), \quad S_u = s, \quad u \le t$$

の解は

$$S_t = s \exp\left\{\sigma(Z(t) - Z(u)) + \left(r - \frac{1}{2}\sigma^2\right)(t - u)\right\} \tag{8}$$

である. ヨーロピアンコールオプションの価格

$$V_{ec}(s, t) = E_t^s[e^{-r(T-t)}(S_T - K)^+]$$

が $S_T \ge K$ となるためには, (8) 式より

$$\sigma(Z(T) - Z(u)) + \left(r - \frac{1}{2}\sigma^2\right)(T - u) \ge \log\frac{K}{s}$$

でなければならない. したがって,

$$Z(T) - Z(u) \ge \frac{1}{\sigma}\left\{\log\frac{K}{s} - \left(r - \frac{1}{2}\sigma^2\right)(T - u)\right\} \equiv y, \quad \tau = T - u$$

とおくと,

$$V_{ec}(s,t) = e^{-r(T-t)} \int_{-y}^{\infty} \left\{ s \exp\left(\sigma y + \left(r - \frac{1}{2}\sigma^2 \right) \tau \right) - K \right\} \frac{1}{\sqrt{2\pi\tau}} e^{-\frac{y^2}{2\tau}} \, dy$$

となる. 変数変換をして,

$$V_{ec}(s,t) = e^{-\frac{y^2}{2\tau}} \int_{-\infty}^{d^+} s \exp\left(\sigma\sqrt{\tau}z - \frac{1}{2}\sigma^2\tau \right) \frac{1}{\sqrt{2\pi\tau}} e^{-\frac{z^2}{2}} \, dz - e^{-r\tau} K \int_{-\infty}^{d^-} \frac{1}{\sqrt{2\pi}} e^{-\frac{z^2}{2}} \, dz$$

$$= s\Phi(d^+) - Ke^{-r(T-t)}\Phi(d^-)$$

となる.

問題 8.2 (8.3) 式のプット・コール・パリティへ問題 8.1 の解を代入すればよい.

問題 8.3 価格が初めて L に達したときに権利を行使する指値を L とすれば, 停止時刻 τ を求める問題は指値 L を求める問題に変換される. したがって, 指値 L に初めて到着する時刻を $\tau = \tau(L)$ とすれば最適停止問題は

$$\max_{0 < \tau < \infty} E\left[e^{-r\tau} \max(K - S(\tau), 0) \mid S(0) = s \right]$$

$$= \max_{L \le K} E\left[e^{-r\tau(L)}(K - L) \mid S(0) = s \right]$$

$$= \max_{L \le K}(K - L) E\left[e^{-r\tau(L)} \mid S(0) = s \right]$$

$$= \max_{L \le K}(K - L) \left(\frac{s}{L} \right)^h$$

ここで, $h = \sigma^{-2}\{\frac{1}{2}\sigma^2 - \mu - \sqrt{(\frac{1}{2}\sigma^2 - \mu^2)^2 + 2\mu\sigma^2}\} < 0$, $0 < L = \frac{h}{h-1}K < K$ である. したがって, 初めて $S(t) \le L$ となる時刻で停止することは最適である. もし $\mu = r$ ならば, $1 = -2r/\sigma^2$ で $L = \frac{2rK}{\sigma^2 + 2r}$ となる. $\tau(s) = \inf\{\tau | S(\tau) \le L\}$ とすれば $E[e^{r\tau(L)}] = (s/L)^h$ となるので, 解が得られる.

第 9 章

問題 9.1 (9.8) 式に対して, 閾値 x_* に対して

$$E[e^{-rT} | X(0) = x] = \left(\frac{x}{x_*} \right)^{\beta_2}$$

となる．$x_* \geq x$ であるから $\mu - \frac{1}{2}\sigma^2 < 0$ のときには

$$E[T|X(0) = x] = -\lim_{r \to 0} \frac{dE[e^{-rT}|X(0) = x]}{dr} = \frac{\log(x_*/x)}{\mu - \frac{1}{2}\sigma^2} \tag{9.33}$$

となる．また，$\mu - \frac{1}{2}\sigma^2 \geq 0$ のときには

$$E[T|X(0) = x] = \infty$$

とする．

問題 9.2 (9.4) 式より

$$\frac{dV}{dx} = \frac{\beta_1}{x}V(x), \quad \frac{d^2V}{dx^2} = \frac{\beta_1(\beta_1 - 1)}{x^2}V(x)$$

となるから，これを常微分方程式に代入すれば

$$\frac{1}{2}\beta_1(\beta_1 - 1) + \mu\alpha - r = 0$$

を得る．

問題 9.3

$$\lim_{x \to x^*-} \frac{dV}{dx}(x) = \lim_{x \to x^*-} \frac{\beta_1 K}{\beta_1 - 1}\left(\frac{x}{x^*}\right)^{\beta_1 - 1}\frac{1}{x^*} = 1$$

問題 9.4 $X(t)$ が閾値 x_* に到達したとき，このプロジェクトから退出する時間を T とする．

$$\int_0^\infty xe^{(\mu - \frac{1}{2}\sigma^2)t}E[e^{\sigma Z(t)}]e^{-rt}dt - K\int_0^\infty e^{-rt}dt = \frac{x}{r - \mu} - \frac{K}{r}$$

となるので，

$$V(x) = \frac{x}{r - \mu} - \frac{K}{r} + \left(\frac{K}{r} - E - \frac{x_*}{r - \mu}\right)E[e^{-rT}|X(0) = x]$$

となる．$\frac{K}{r} - E \equiv L$ とすれば，9.2.2 節の退出モデルの $V(x)$ から K/r(K の無限期間の現在価値) を差し引いた値が，固定費のある退出モデルの $V(x)$ となっている．

索　引

ア　行

アメリカンオプション　147
アメリカンコールオプション　145
アロー・デブリュー証券　8
安全第一基準　76
イェンセンの不等式　37, 139
一物一価　106
伊藤の微分則　137
移動平均法　28
イミュナイゼーション　122
因子リスクプレミアム　102
ウィナー過程　136
永久アメリカンプットオプション　154
オプション　147
オプション市場　4
オプション取引　4

カ　行

回帰分析　31
確率　33
確率空間　34
確率積分　133
確率微分方程式　136
確率変数　34
加重移動平均法　29
加重平均収益　79
下方リスク　76
下方リスクモデル　76
空売り　43
間接金融　2
完全な市場　7
完備市場　8
幾何ブラウン運動　136
幾何平均　37

機関投資家　2

期待収益率　44
期待値　35
希薄化　160
希薄化因子　160
逆変動利付債　12
強効率的　8
共分散　36
共分散行列　36, 46
金融工学　10
金融資産　1
金融投資　1
金利更改手形　12
ゲームオプション　148, 155
結合分布　35
現在価値　21
権利行使価格　147
効用関数　41
効率的な市場　7
効率的フロンティア　53
効率的ポートフォリオ　42
コールオプション　147
国際 CAPM　95
固定所得ポートフォリオ　117
コンパニオン・ポートフォリオ　93

サ　行

債券のボラティリティ　118
債券ポートフォリオ　117
最小分散ポートフォリオ　53
裁定　5
裁定機会　5
裁定評価理論　101, 105
裁定ポートフォリオ　71
裁定利潤　18
最適停止問題　167

最適ポートフォリオ　43
最頻値　26
先物（または先渡）市場　4
算術平均　25
参入モデル　167
時間平均収益率　79
仕組債　117
仕組商品　12, 106
資産移転者　5
資産構成　7
資産担保証券　12
市場ポートフォリオ　84
市場リスク　84
指数ブラウン運動　140
指数平滑法　29
指数連動債券　11
システマティク・リスク　84
実物資産　1
実物投資　1
資本市場　1
資本市場線　87
資本損失　19
資本配分線　94
資本利得　17, 19, 23
シャープ比率　66
弱効率的　8
重回帰式　33
証券市場線　85
条件付確率　34
商品市場　1
正味現在価値　21
将来収益（キャッシュ・フロー）　3
所得利得　17, 23
スポット市場（現金市場）　4
スムース・ペースティング条件　172
接線ポートフォリオ　61
接点ポートフォリオ　66
説明変数　31
セルフ・ファイナンス　110
ゼロベータ・ポートフォリオ　63, 93
線形因子モデル　101
線形回帰式　31
相関係数　37
早期キャンセル割引額　157

早期行使プレミアム　157
相対的収益率　80
その他のリスク尺度　74

タ　行

退出モデル　168
対数正規過程　136
大数の法則　37
中央値　26
仲介者　2
中心極限定理　38
超過収益　8
超過収益率　85
直接金融　2
デュレーション　118, 119
転換社債　13, 160
店頭取引　2
投機家　4
投資　1
投資家　2
動的計画法　134
独立　35

ナ・ハ行

ナイーブ・ポートフォリオ　49
内部収益率　21
任意抽出定理　144
２基金分離の定理　60
ハイブリッド証券　13
発行市場　2
発行人　2
バリュー・マッチング条件　171
バリューアットリスク　76, 77
パレート最適　53
半効率的　8
半分散　76
非市場リスク　106
被説明変数　31
標準ブラウン運動　136
標準偏差　36
標本空間　33
ファンダメンタル・バリュー　22

索　引

ファンダメンタルズ　8
変動利付債　12
プット・コール・パリティ　150
プットオプション　147
不偏標本分散　28
プライステイカー　7
ブラック・ショールズの公式　151
分散　36
分散投資　46
分布関数　35
平均＝分散モデル　49, 50, 68
平均絶対偏差　27
平均平方誤差　30
平均保有期間　127
ベータ値　85
ベルマン方程式　171
ポートフォリオ　7, 41
ポートフォリオ選択問題　41
ポートフォリオの運用評価　78
ボラティリティ　118

マ・ヤ行

摩擦のない市場　7
マルチンゲール　23, 138
マルチンゲール収束定理　139
満期　147
密度関数　35
無相関　36
無リスク証券　18
モーゲージ担保債券　11
優越　53
有価証券　1

優マルチンゲール　139
ヨーロピアンオプション　147
ヨーロピアンコール　145
予測誤差　30

ラ・ワ行

リアルオプション　165
リスク　18, 41
リスク・プレミアム　19
リスク回避的　42
リスク尺度　18
リスク証券　18
リスク中立確率　22
リスク分担　4
リスクヘッジ　149
リスクヘッジャー　4
リターン　19
利回り　19
流通市場　2
劣マルチンゲール　139
割引　19
割引債　117
ワルドの等式　38

欧　文

APT　105
CAPM　84
NPV　21
Sharp-Lintner の CAPM　86
VaR　76
VaR(P_x^*)　77

201

《監修者紹介》

木村俊一（きむら・としかず）

1953年　横浜市に生まれる

1981年　京都大学大学院工学研究科数理工学専攻博士後期課程修了，工学博士（京都大学）
　　　　北海道大学大学院経済学研究科教授を経て

現　在　関西大学環境都市工学部教授
　　　　北海道大学名誉教授

主　著　『金融工学入門』実教出版，2002年
　　　　『確率と統計』（共著）朝倉書店，2003年
　　　　『ファイナンス数学』ミネルヴァ書房，2011年
　　　　『待ち行列の数理モデル』朝倉書店，2016年

《著者紹介》
八木恭子 (やぎ・きょうこ)

1979年　生まれ
2007年　南山大学大学院数理情報研究科博士後期課程修了，博士（数理情報学）
現　在　首都大学東京大学院社会科学研究科准教授
主　著　"The Pricing and Optimal Strategies of Callable Warrant," *European Journal of Operational Research*, Vol. 206, 2010.
「"The Impact of Convertible Debt Financing on Investment Timing," *Economic Modelling*, Vol. 29, 2012.
"Investment under Regime Uncertainty: Impact of Competition and Preemption," *International Journal of Industrial Organization*, Vol. 45, 2016.

澤木勝茂 (さわき・かつしげ)

1944年　生まれ
1977年　ブリティシュ・コロンビア大学経営学研究科博士課程修了（Ph. D.）
1997年　京都大学博士（工学）
現　在　中部圏社会経済研究所研究顧問
主　著　『ファイナンスの数理』朝倉出版，1994年
『OR 入門』（共著）実教出版，1984年
『コーポレート・ファイナンス』（共著）ミネルヴァ書房，2011年

Minerva ファイナンス講座②
証券投資理論

2018年5月30日　初版第1刷発行　　　　　　　〈検印省略〉

定価はカバーに
表示しています

監 修 者	木 村 俊 一
著 者	八 木 恭 子
	澤 木 勝 茂
発 行 者	杉 田 啓 三
印 刷 者	坂 本 喜 杏

発行所　株式会社　ミネルヴァ書房
607-8494　京都市山科区日ノ岡堤谷町1
電　話　(075) 581-5191 （代表）
振替口座・01020-0-8076

©八木・澤木，2018　　　冨山房インターナショナル・新生製本

ISBN978-4-623-08355-8

Printed in Japan

Minerva ファイナンス講座（全5巻）

監修　木村俊一
体裁：A5版・上製・各巻平均300頁

＊第1巻　ファ イ ナ ン ス 数 学
木村俊一　著

＊第2巻　証 券 投 資 理 論
八木恭子／澤木勝茂　著

＊第3巻　コーポレート・ファイナンス
澤木勝茂／鈴木淳生　著

第4巻　派生資産の価格付け理論
木村俊一　著

＊第5巻　リ ス ク マ ネ ジ メ ン ト
菅野正泰　著

（＊は既刊）

──────── ミネルヴァ書房 ────────

http:www.minervashobo.co.jp/